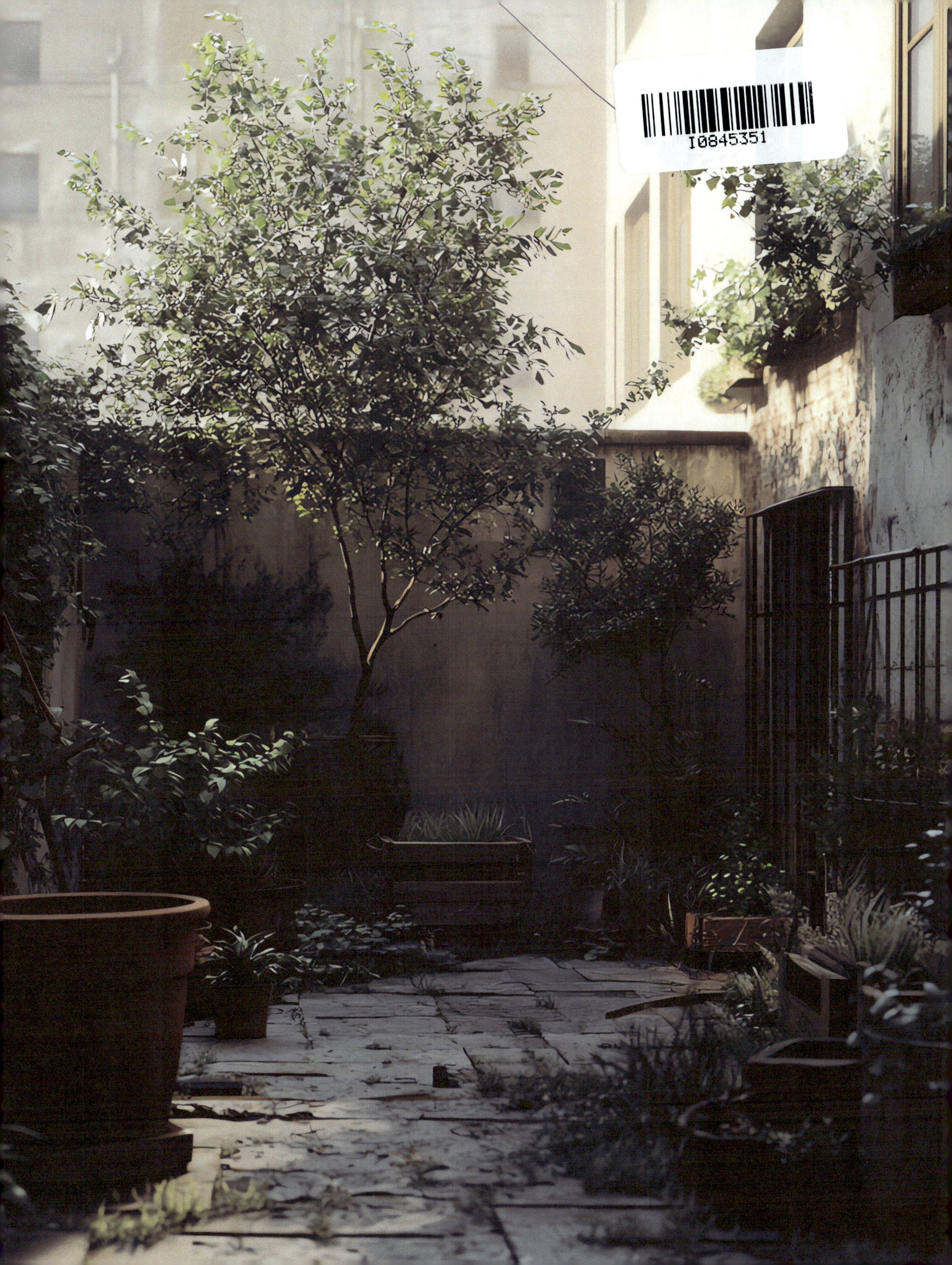
I0845351

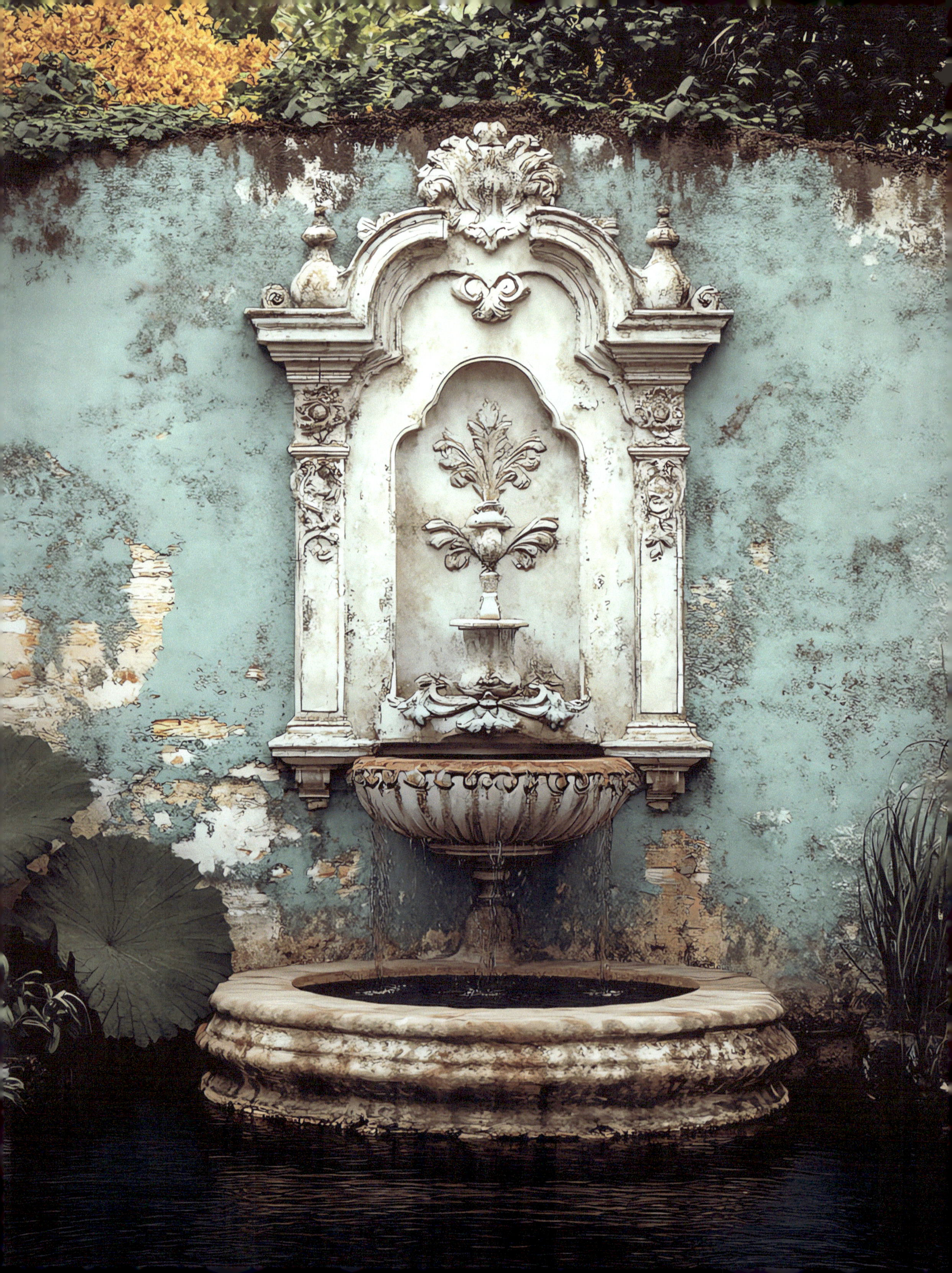

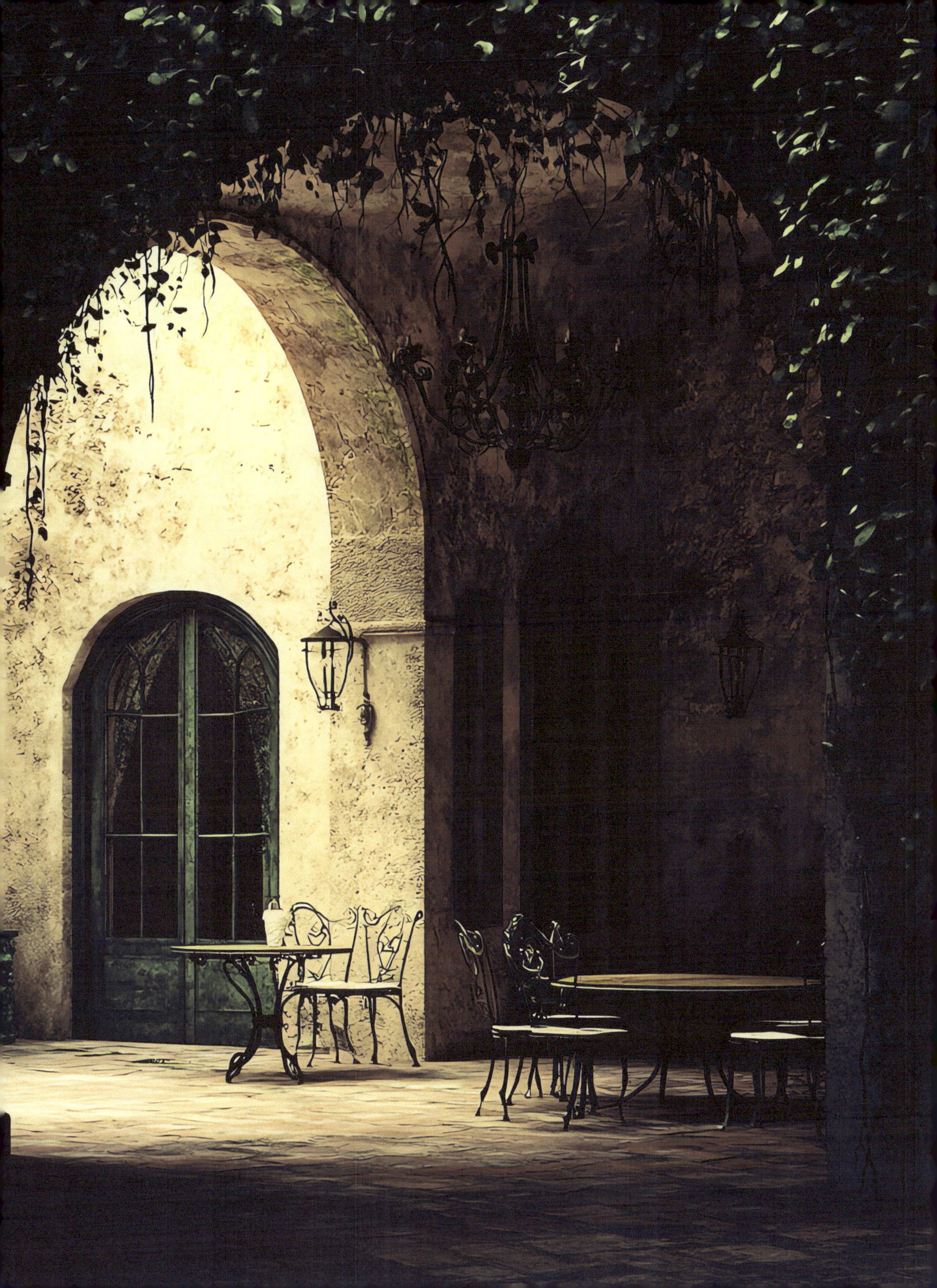

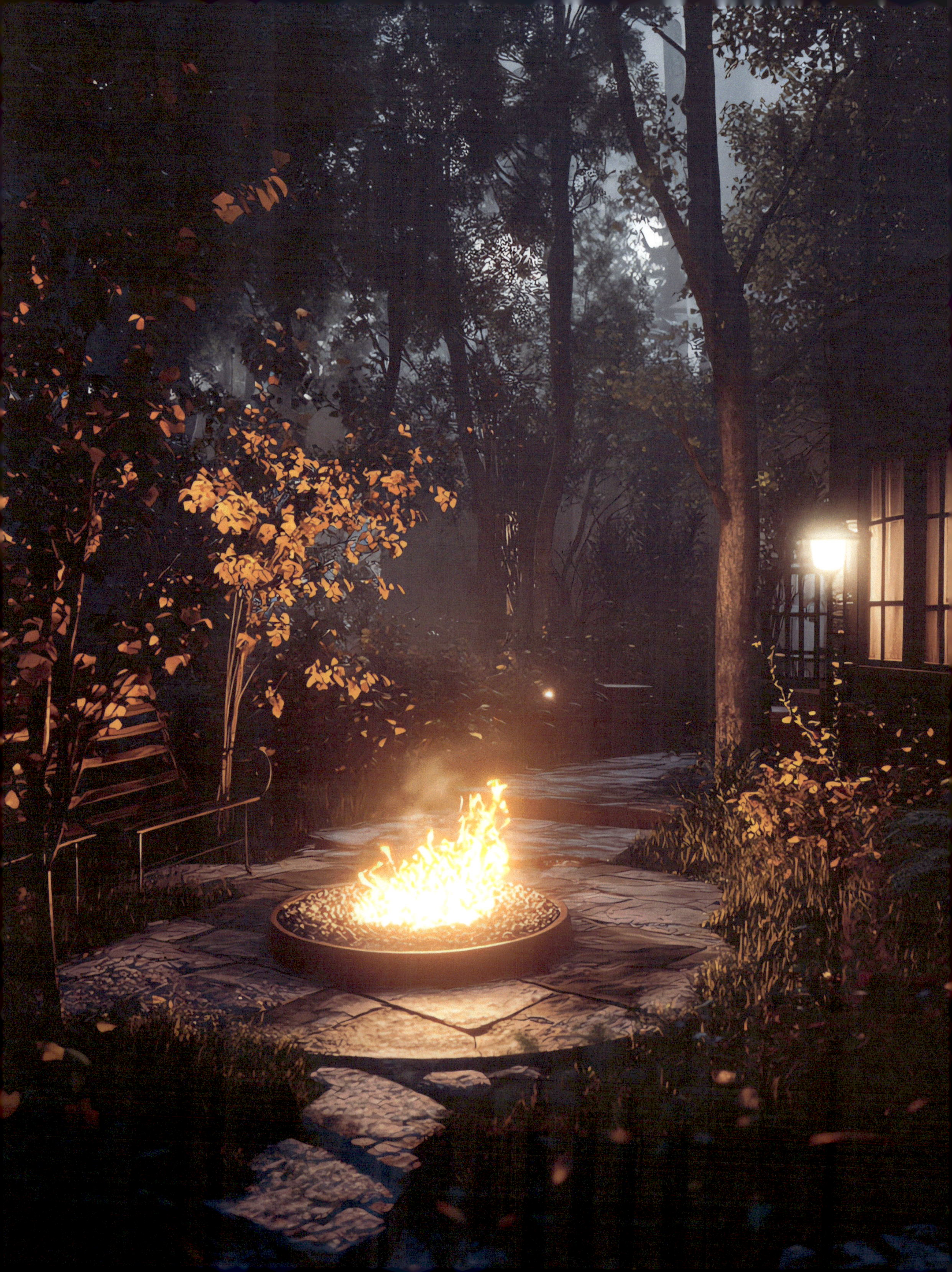

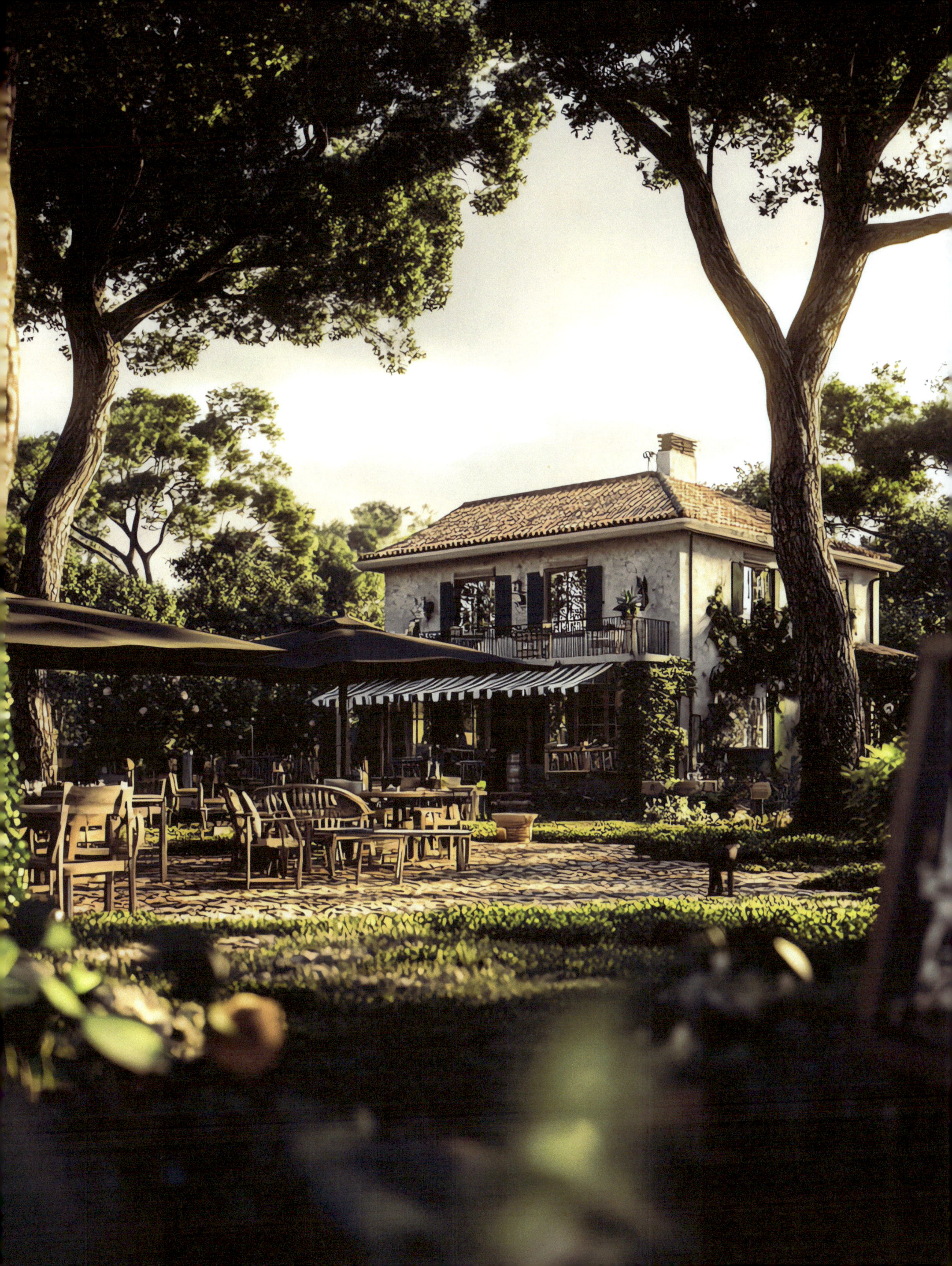

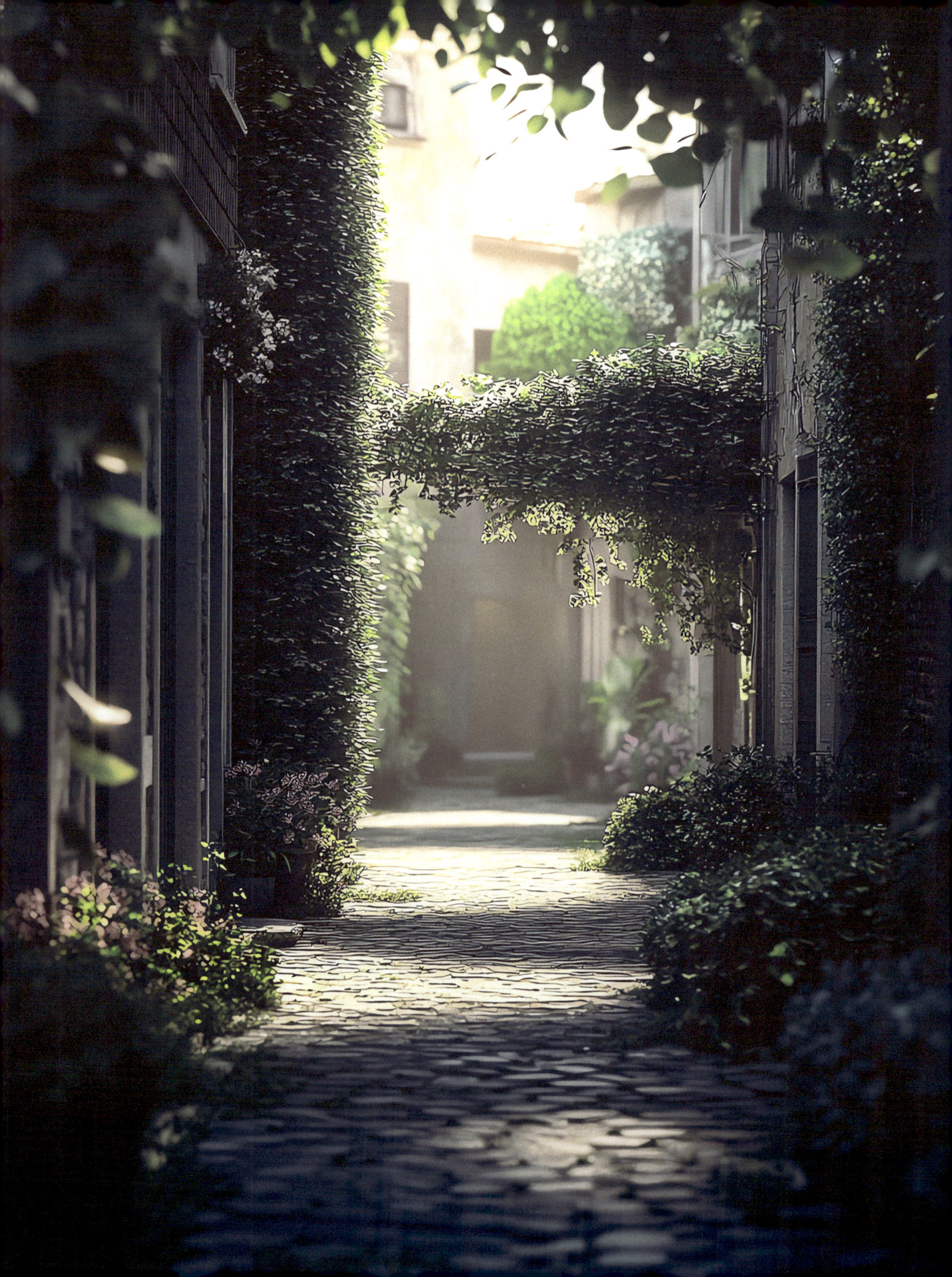

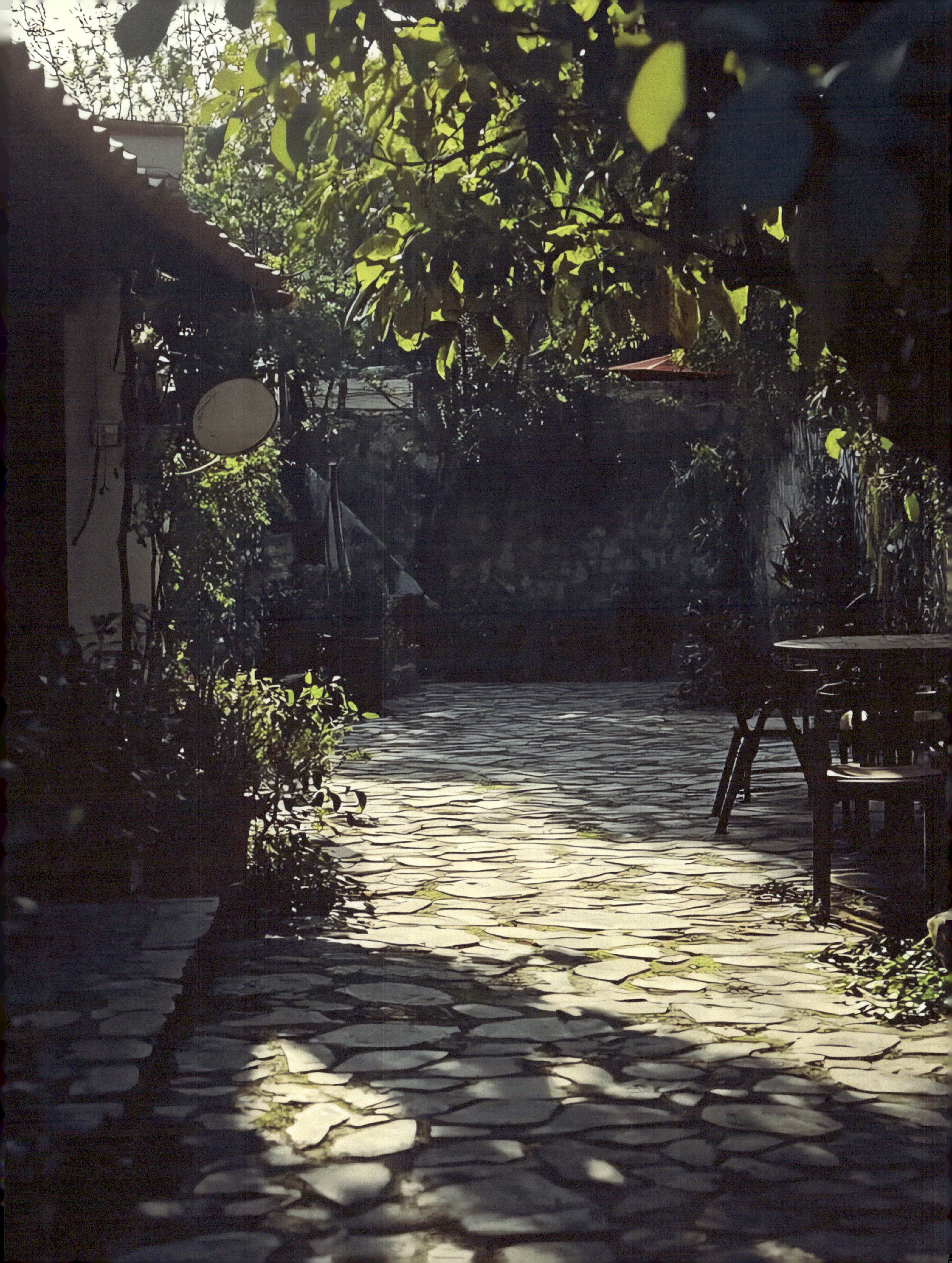

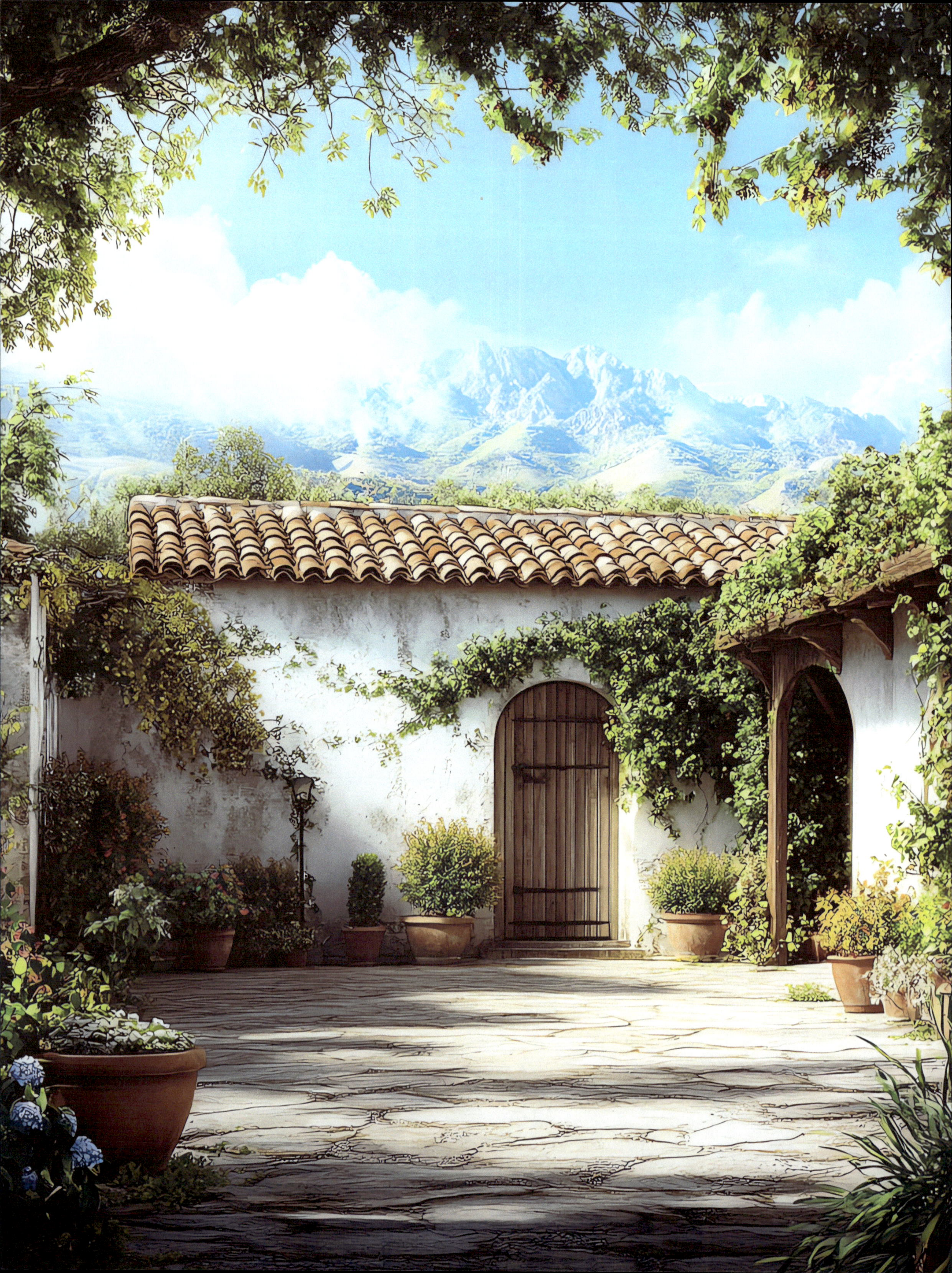

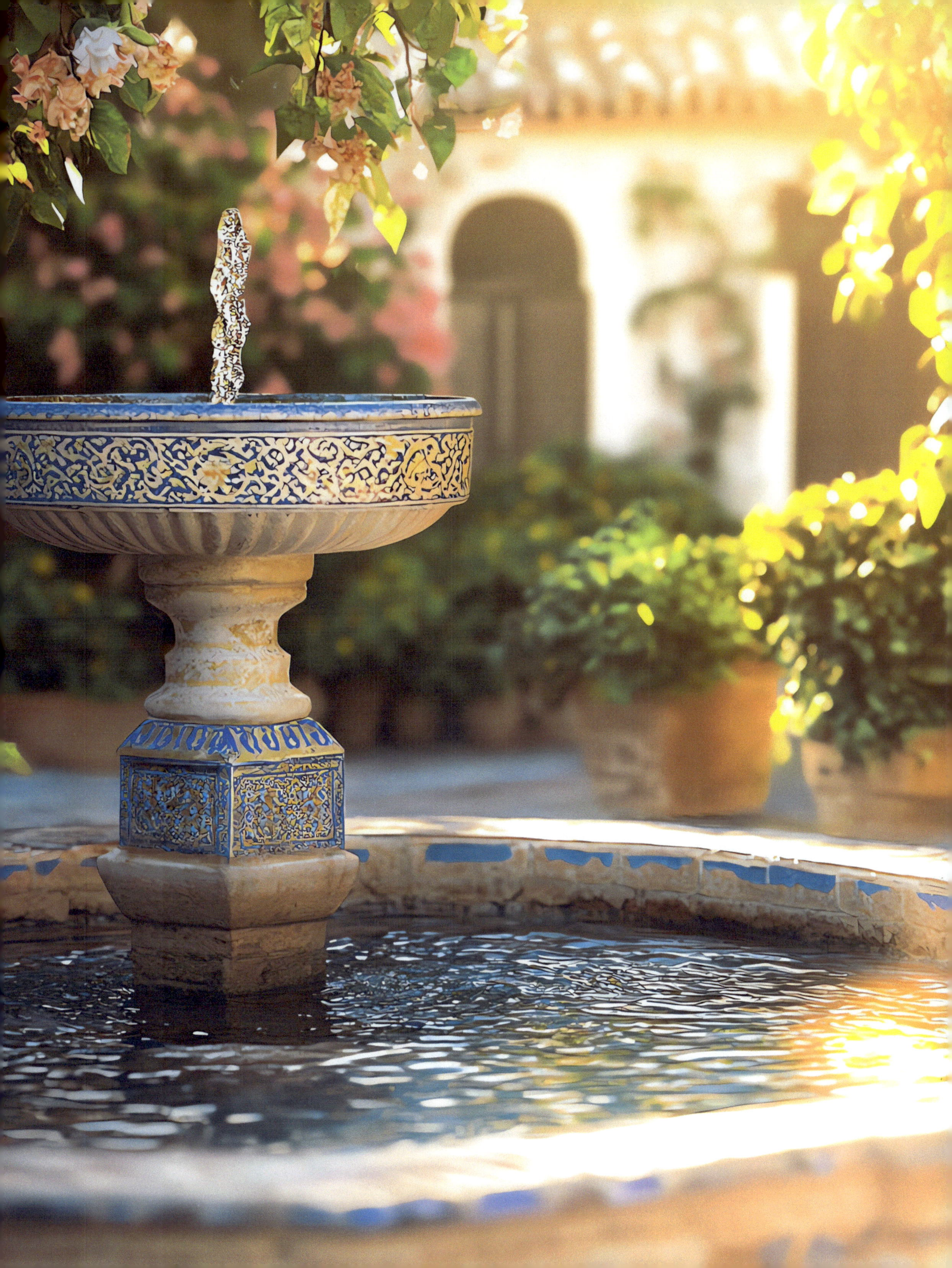

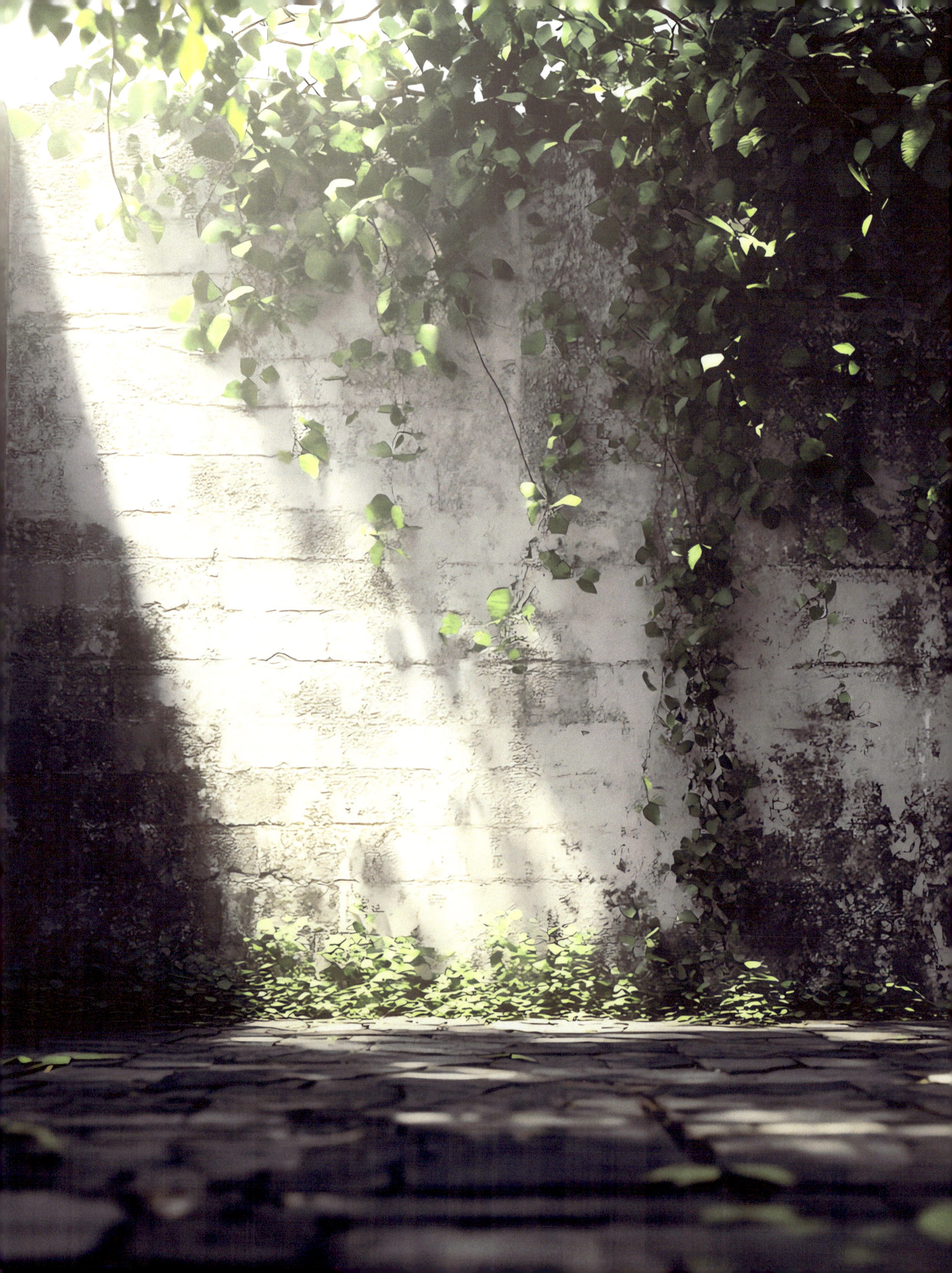

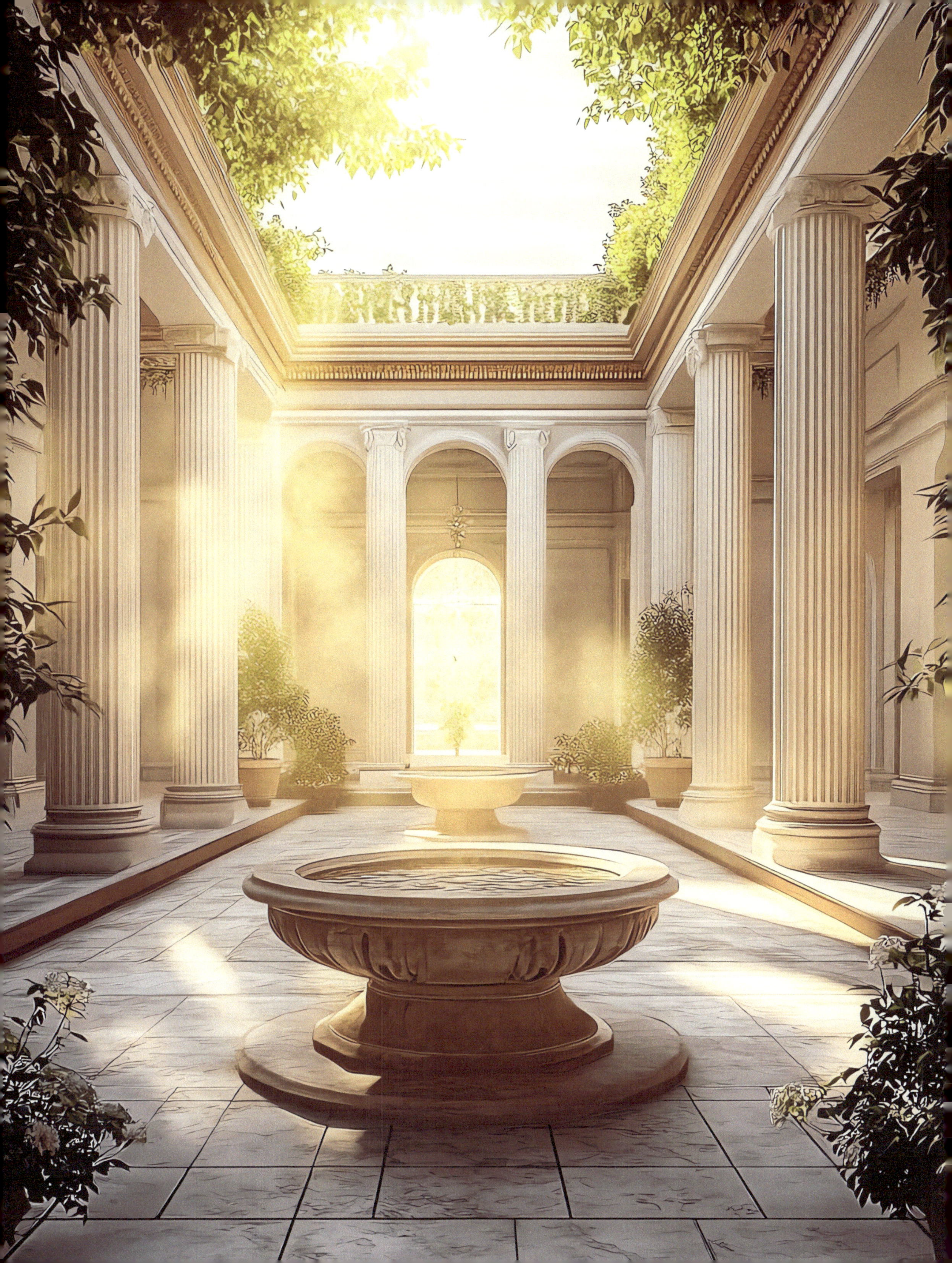

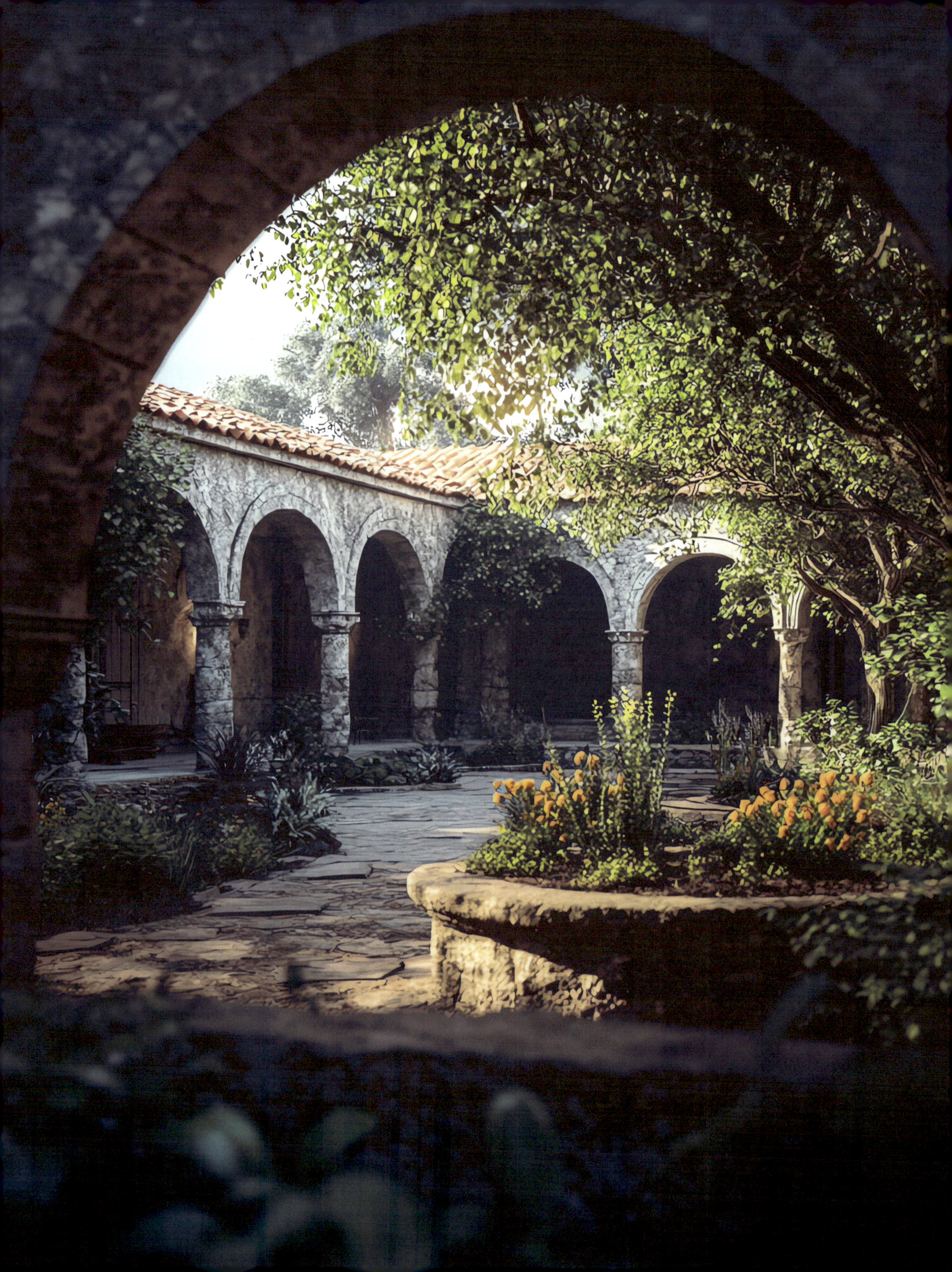

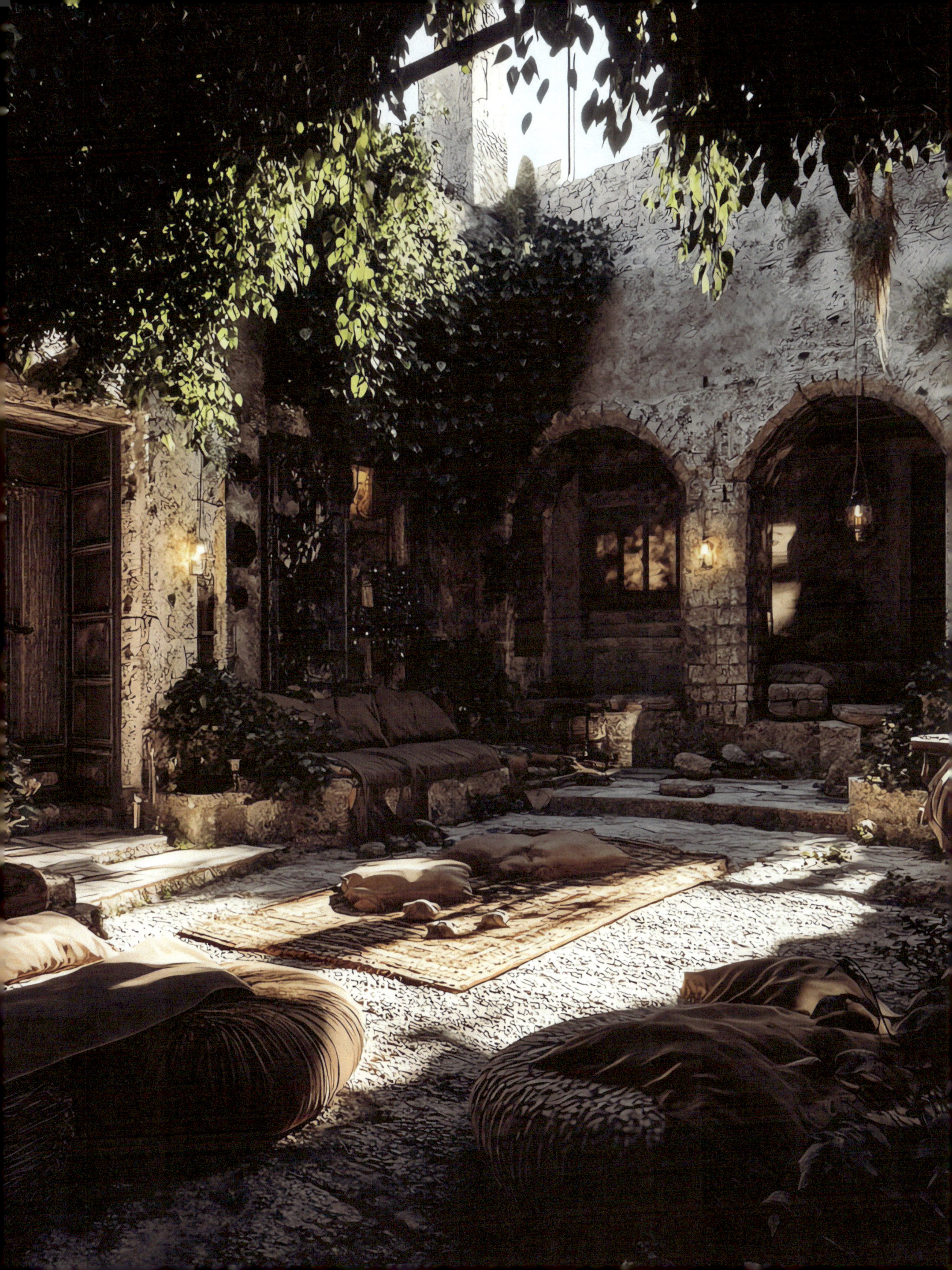

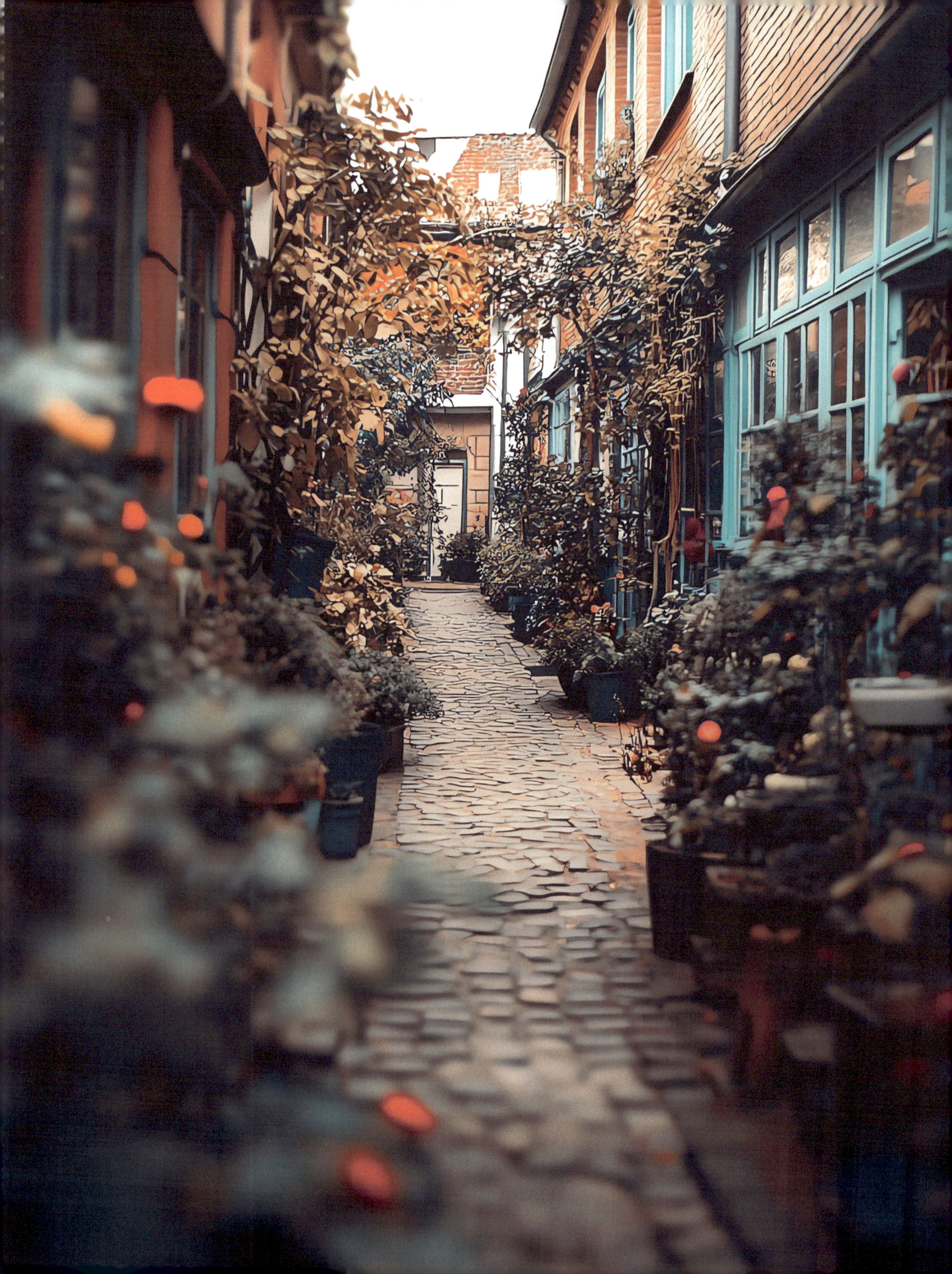

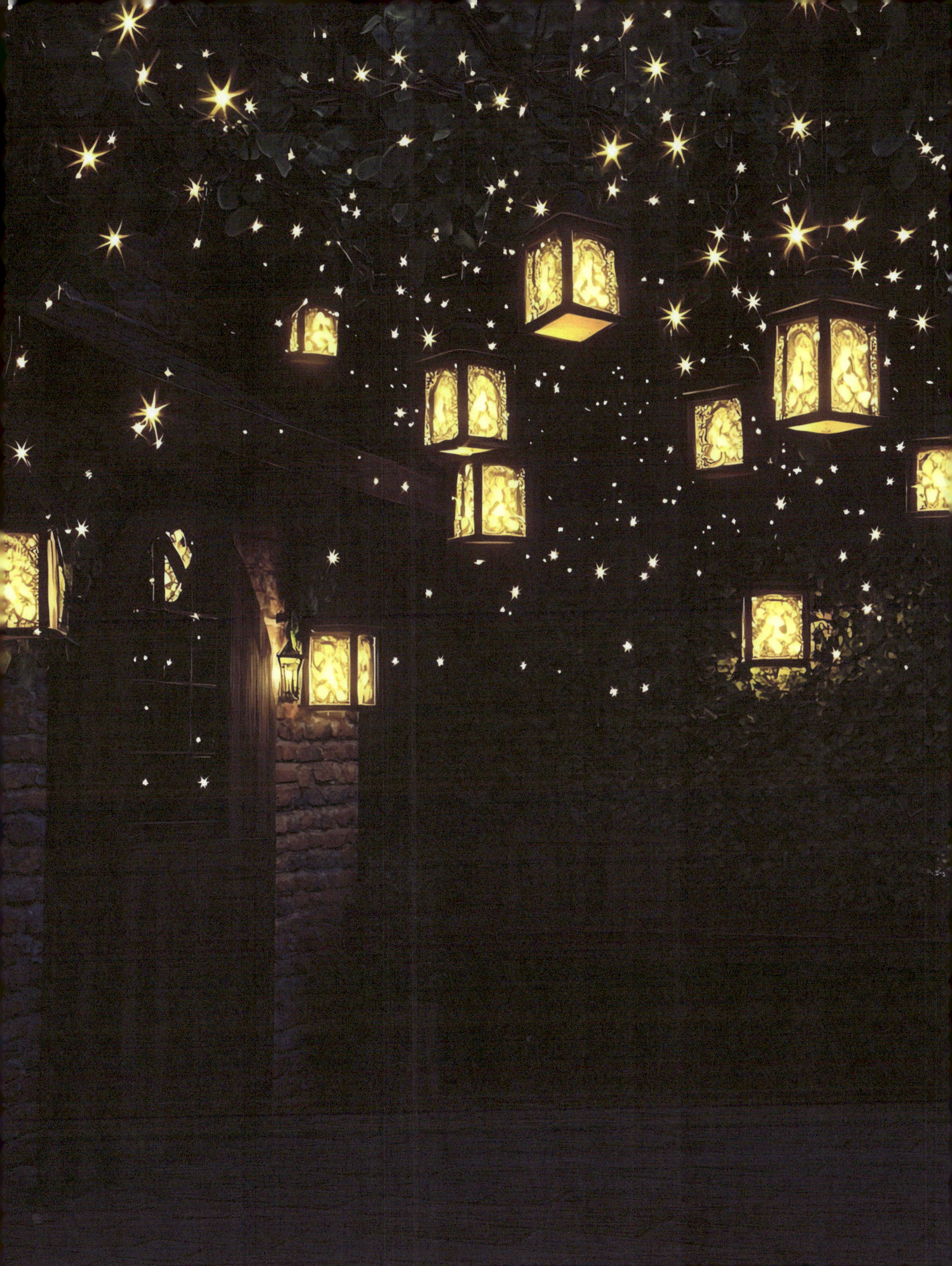

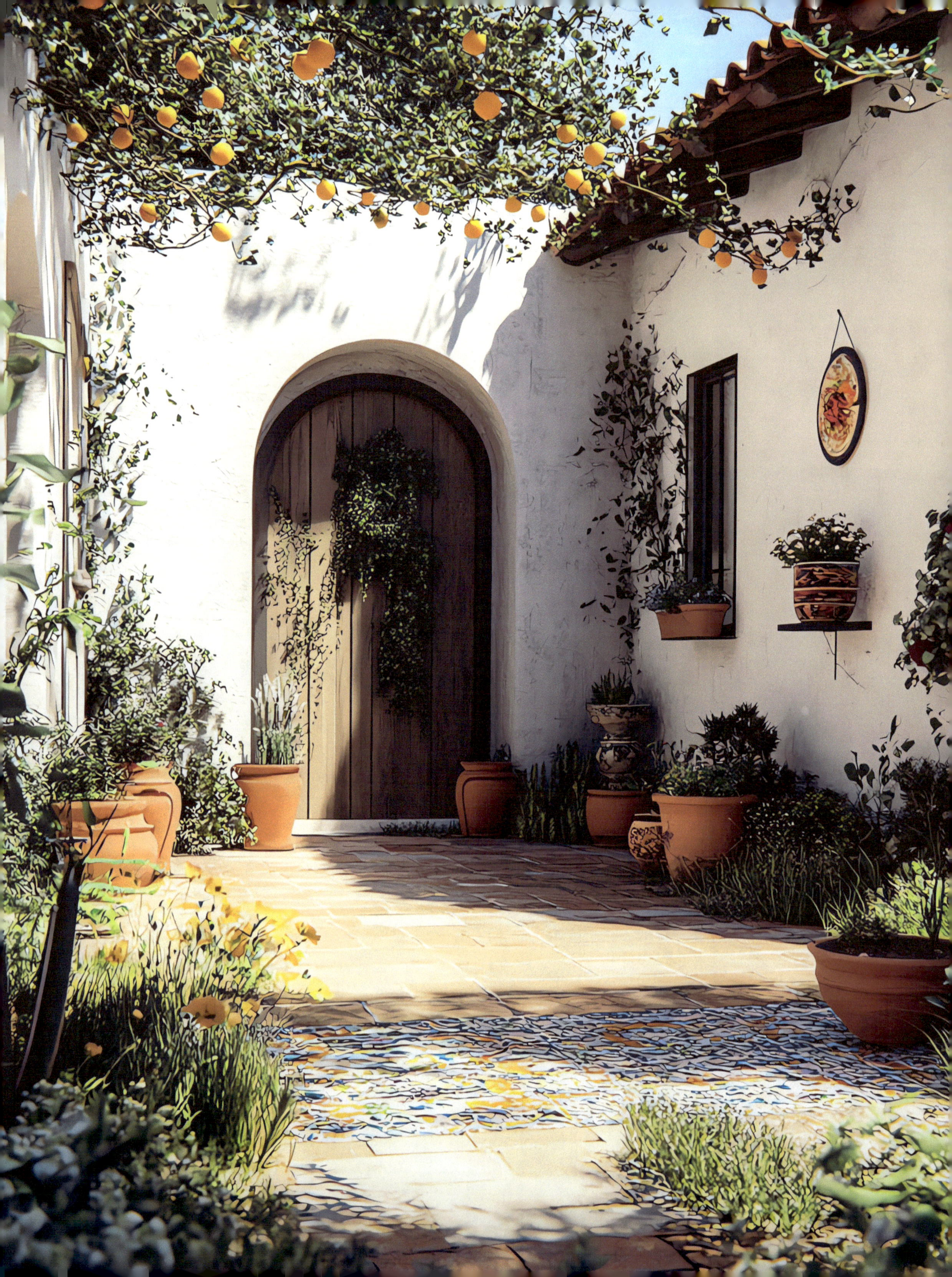

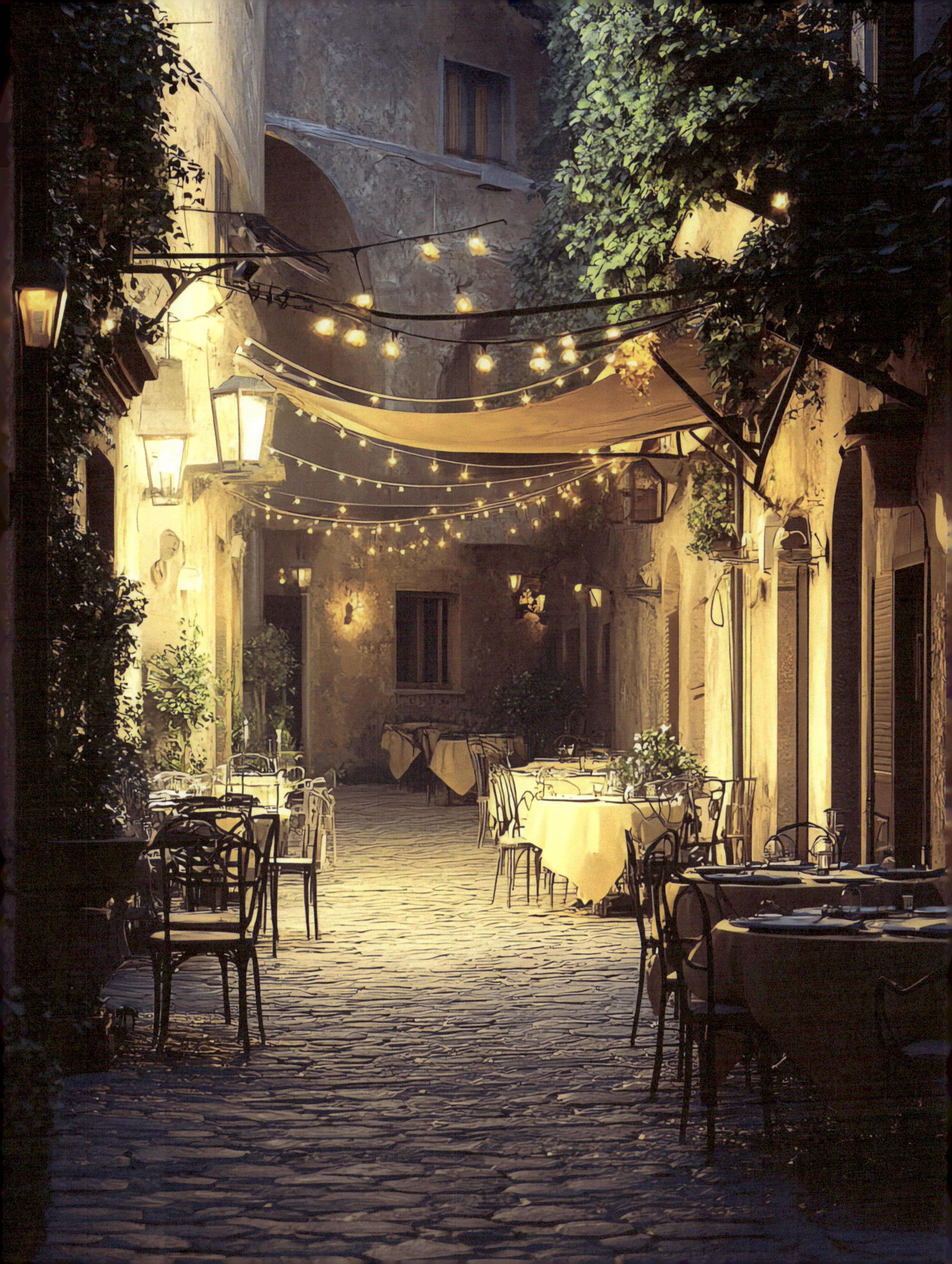

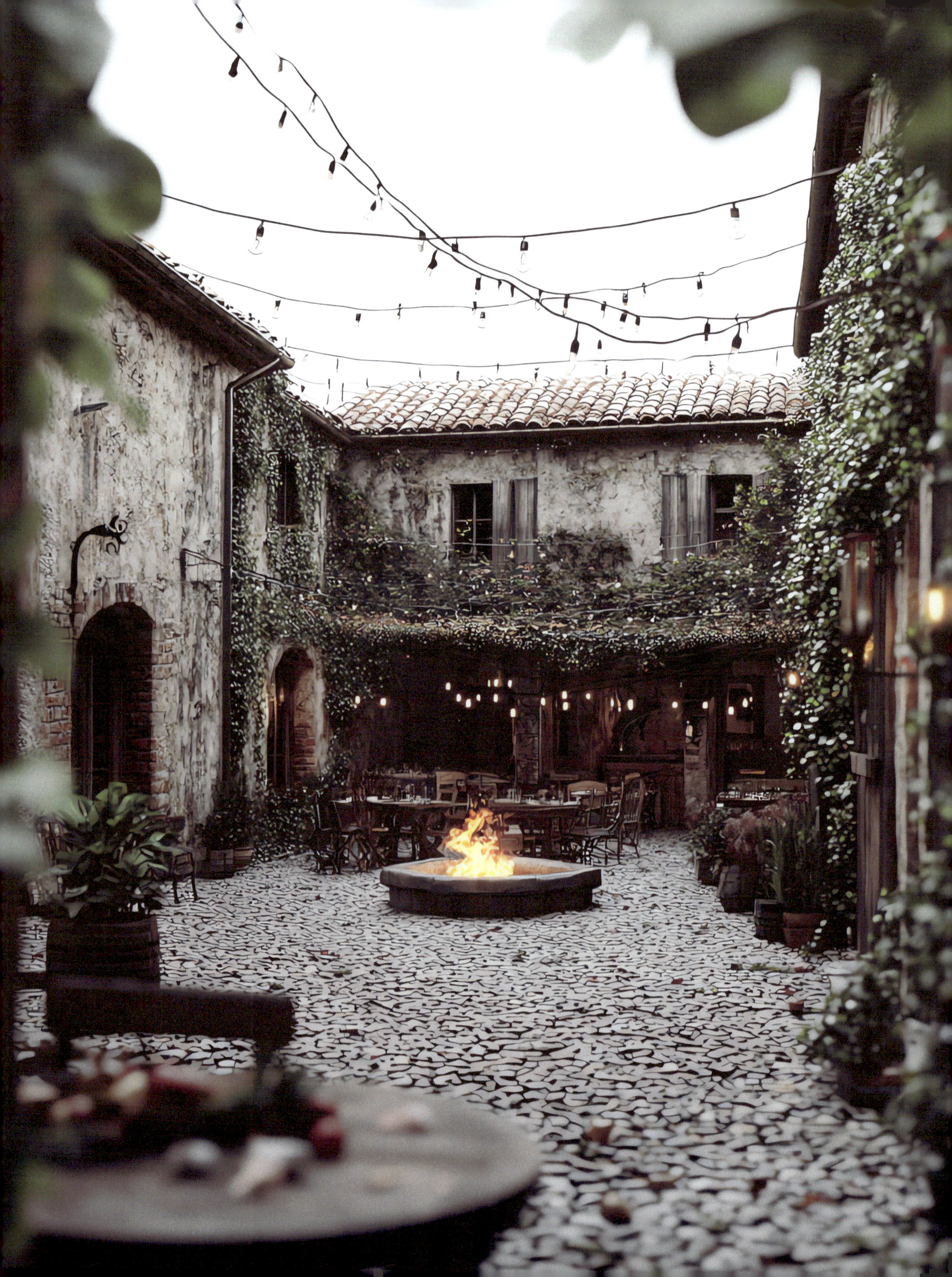

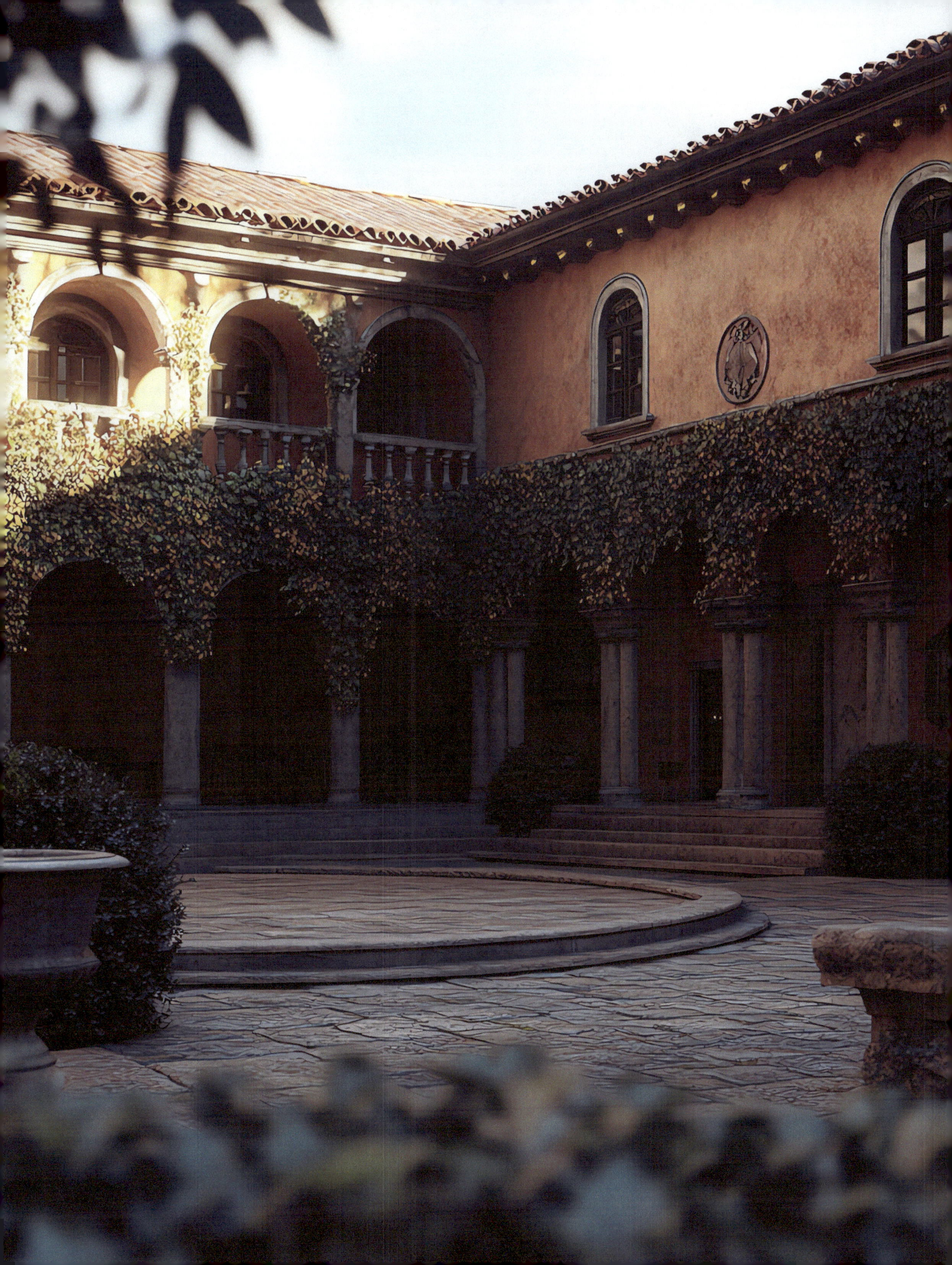

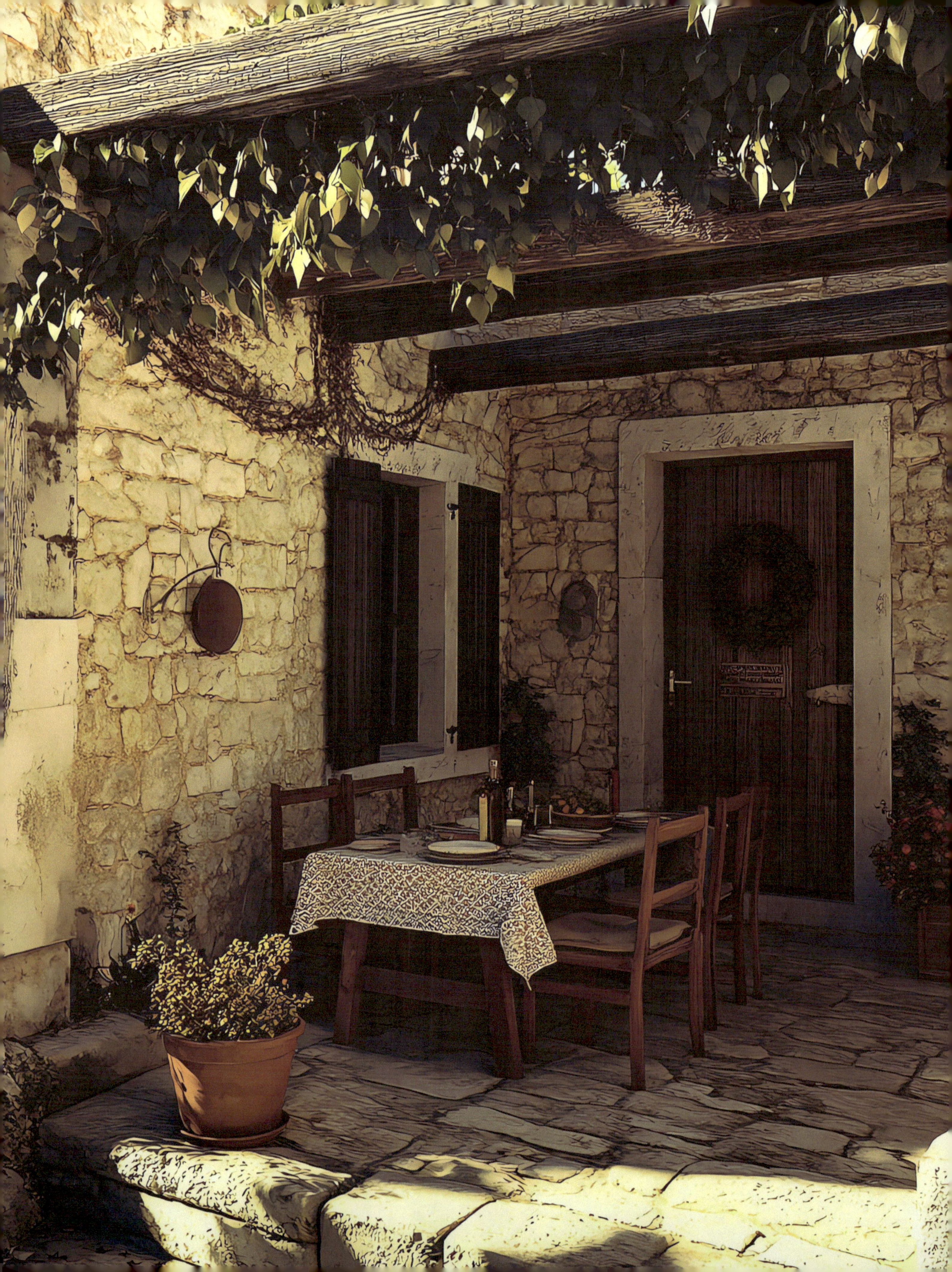

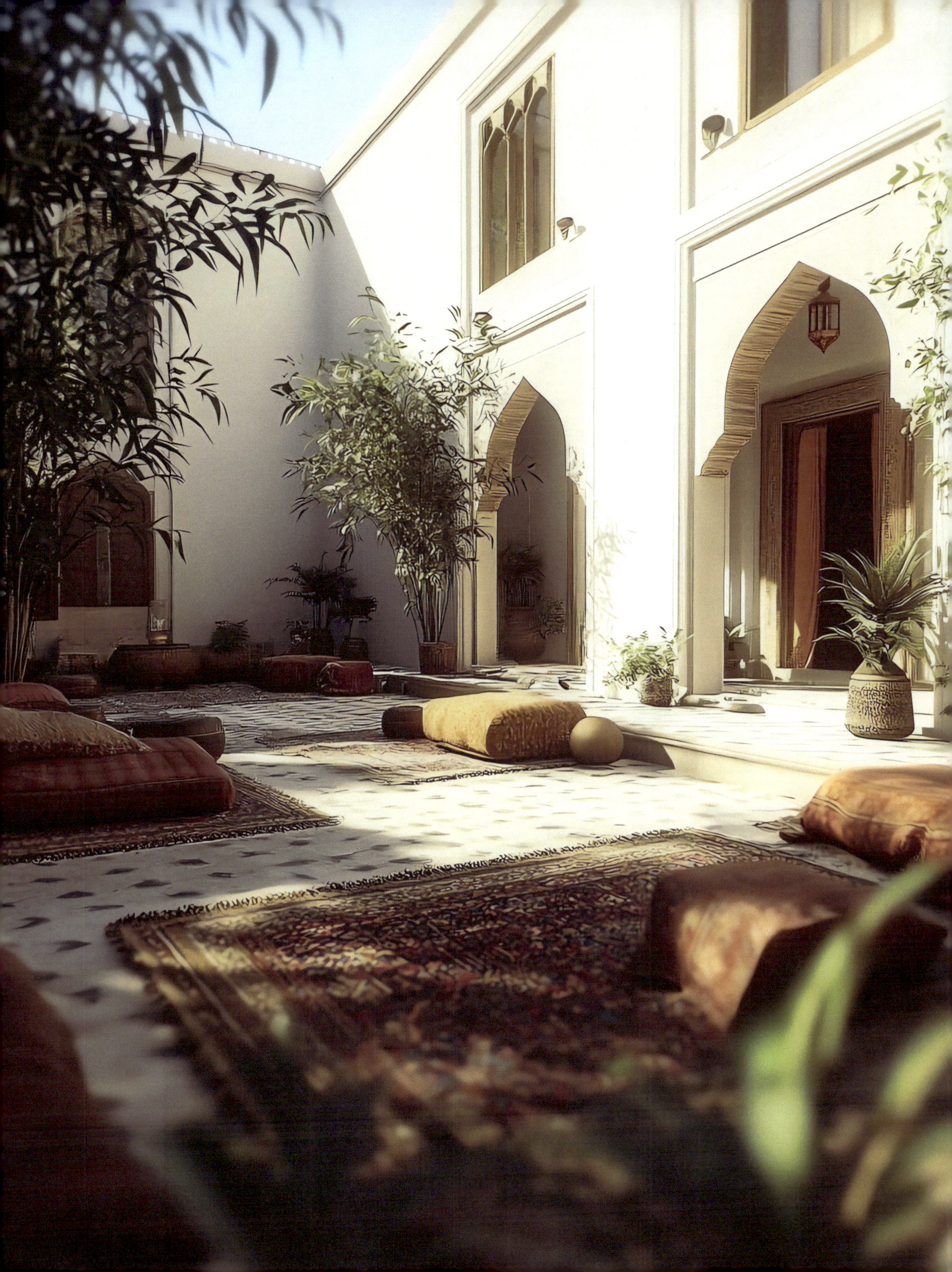

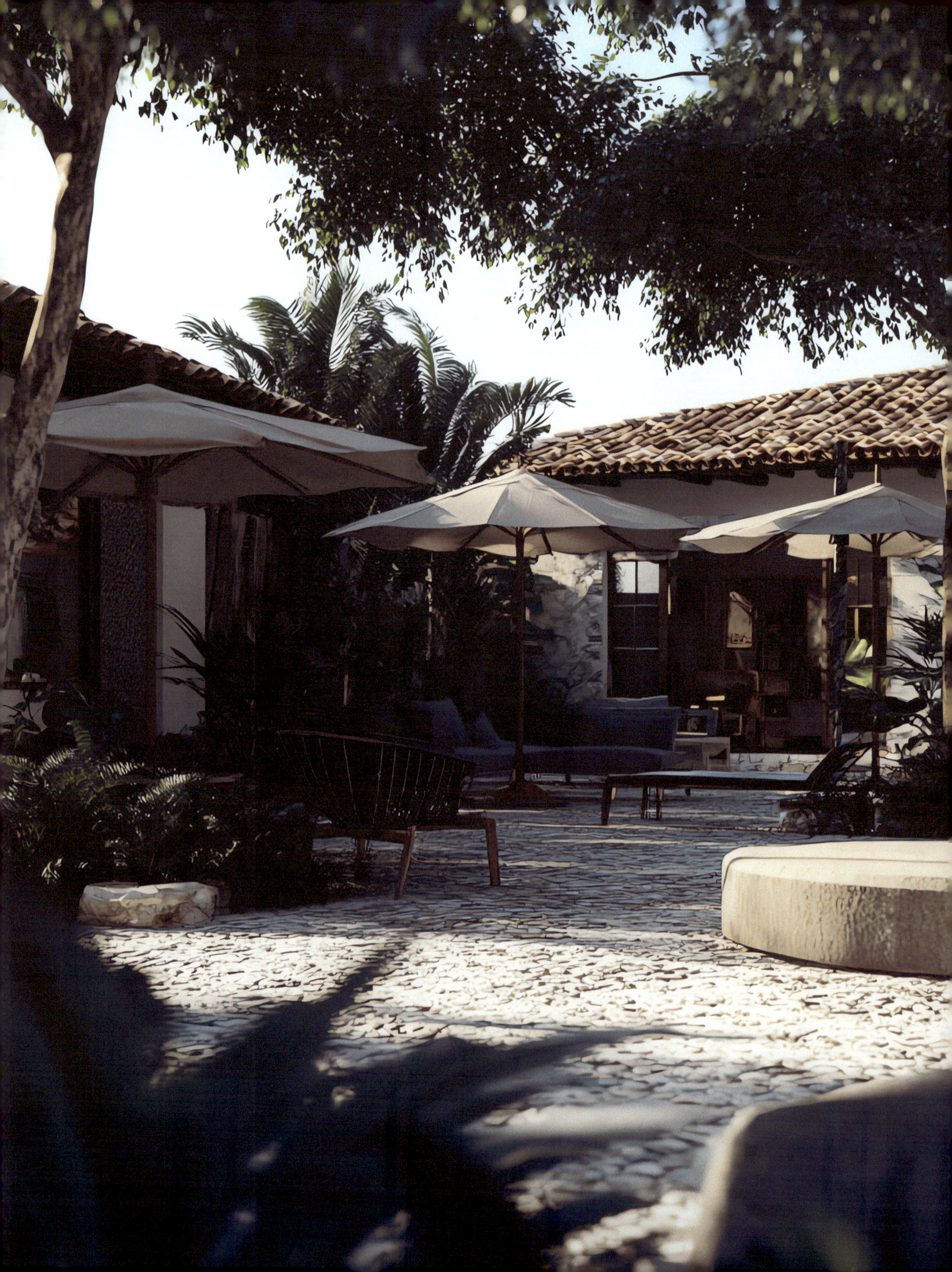

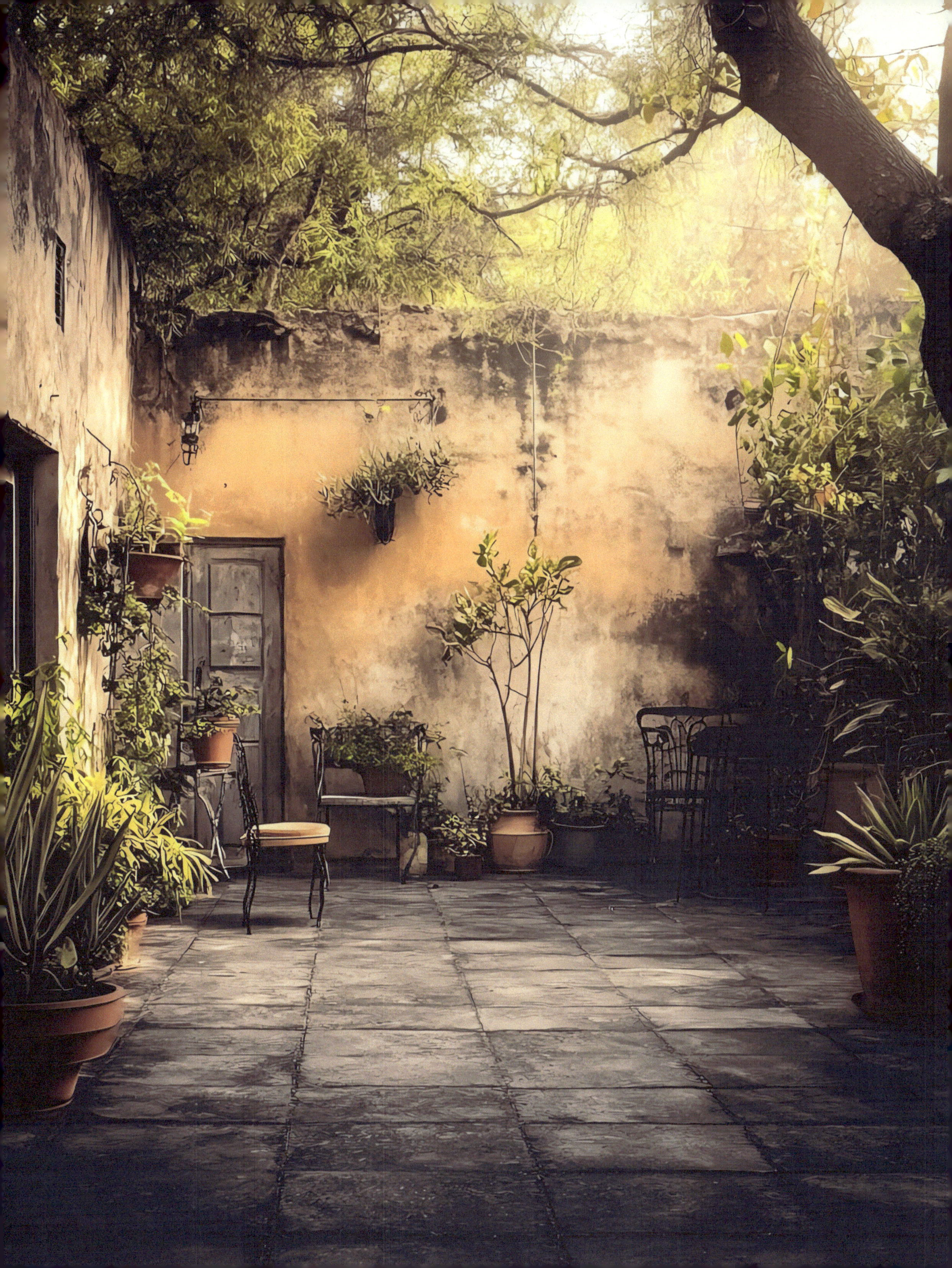

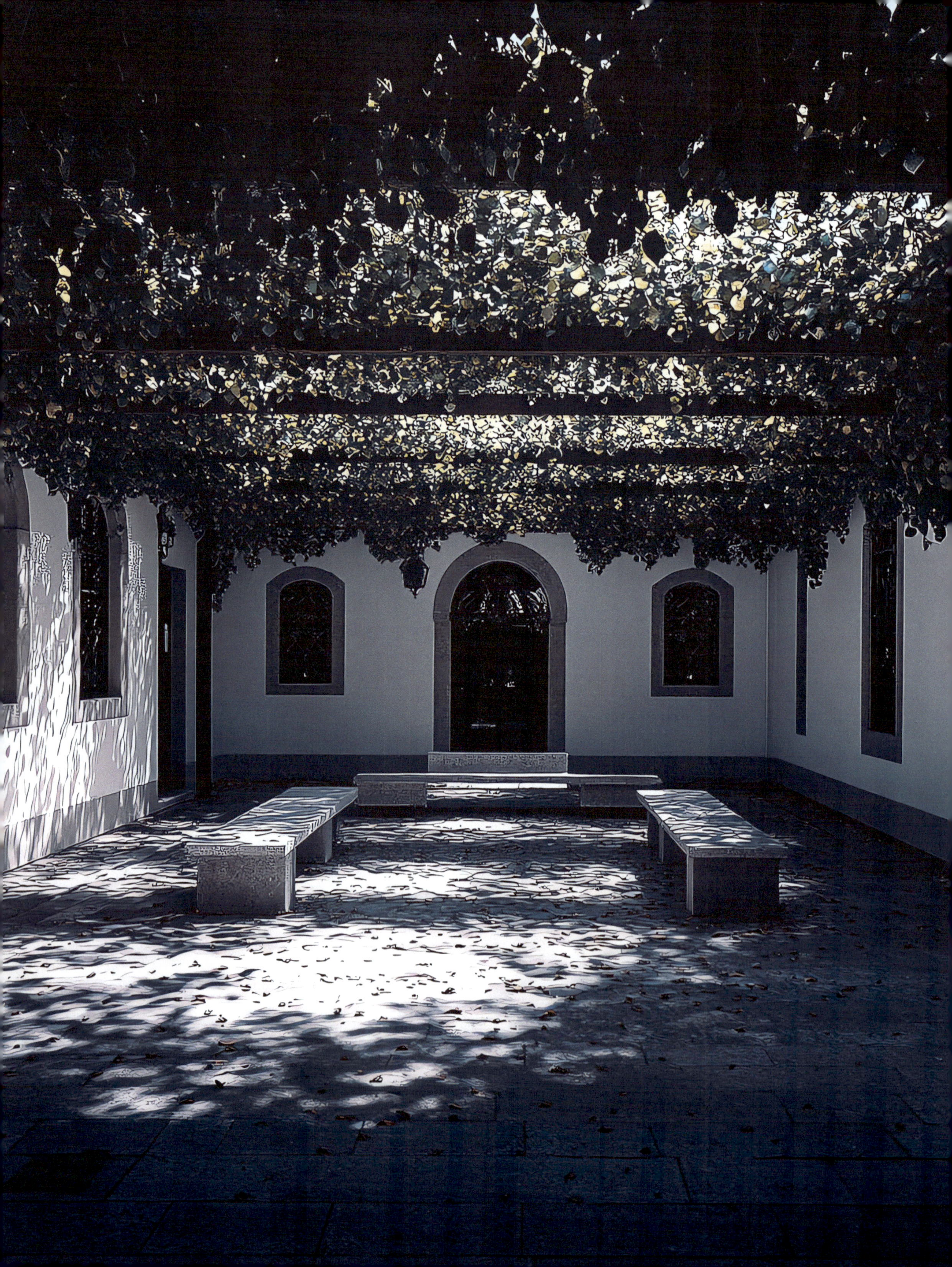

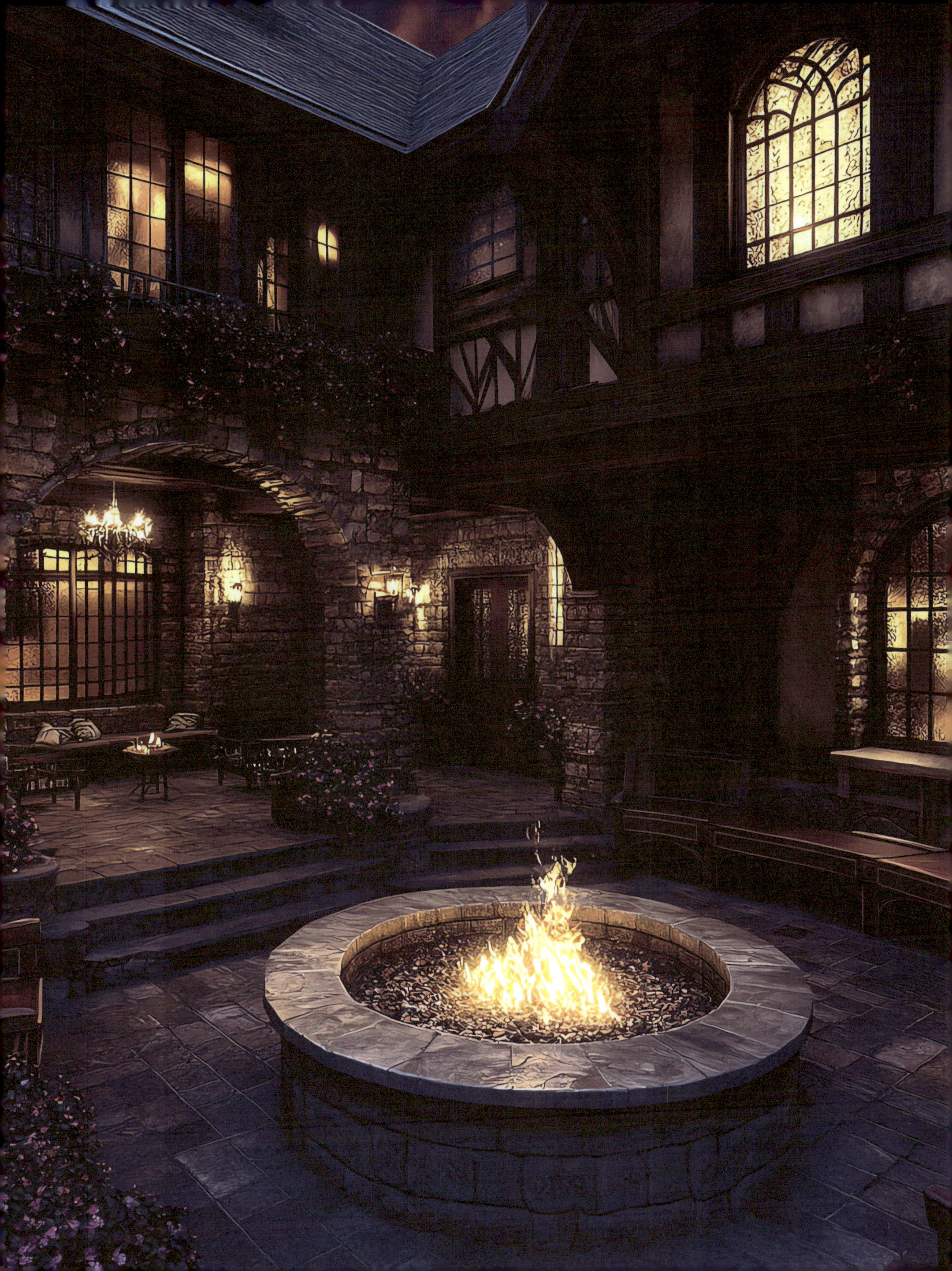

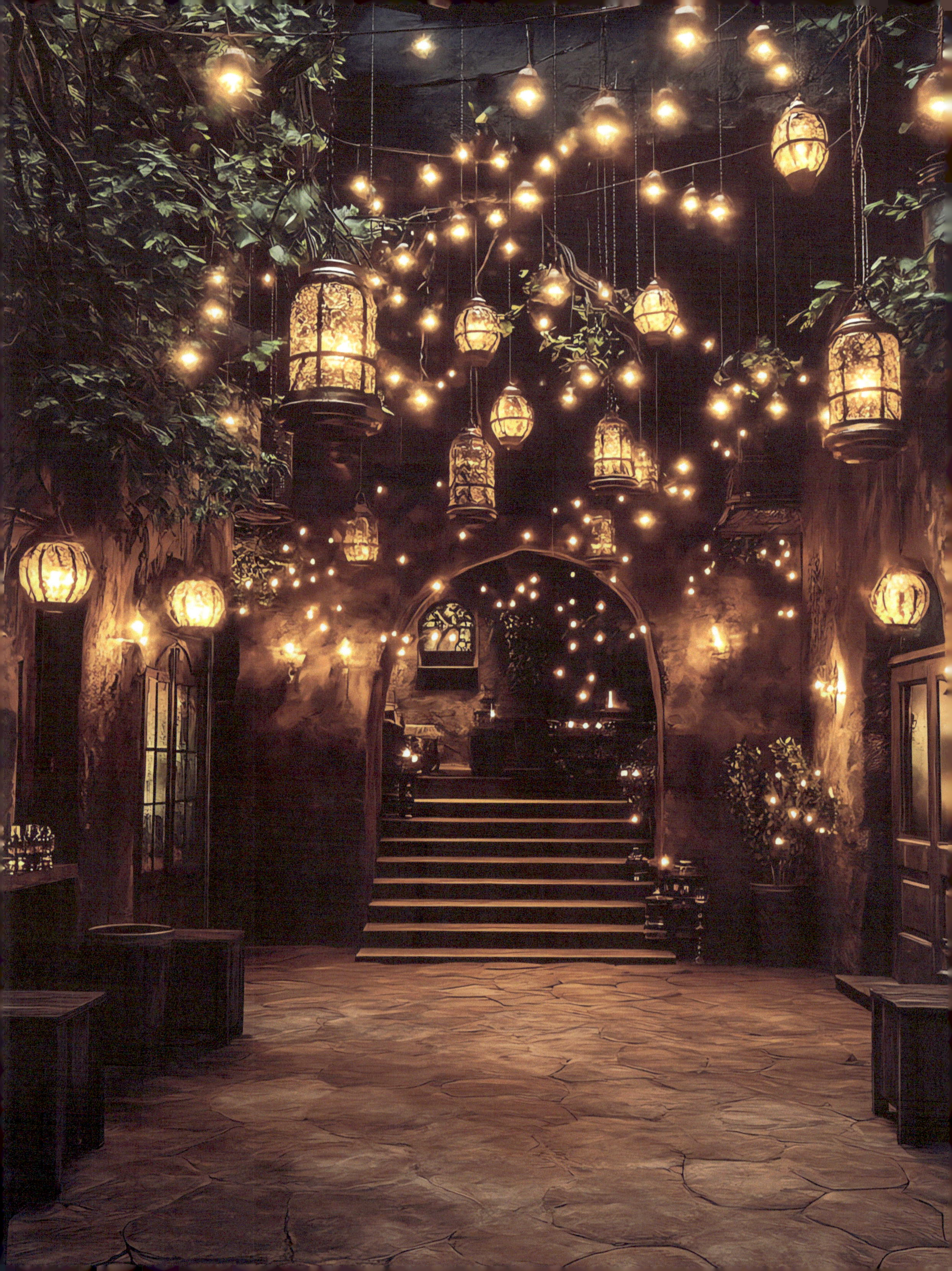

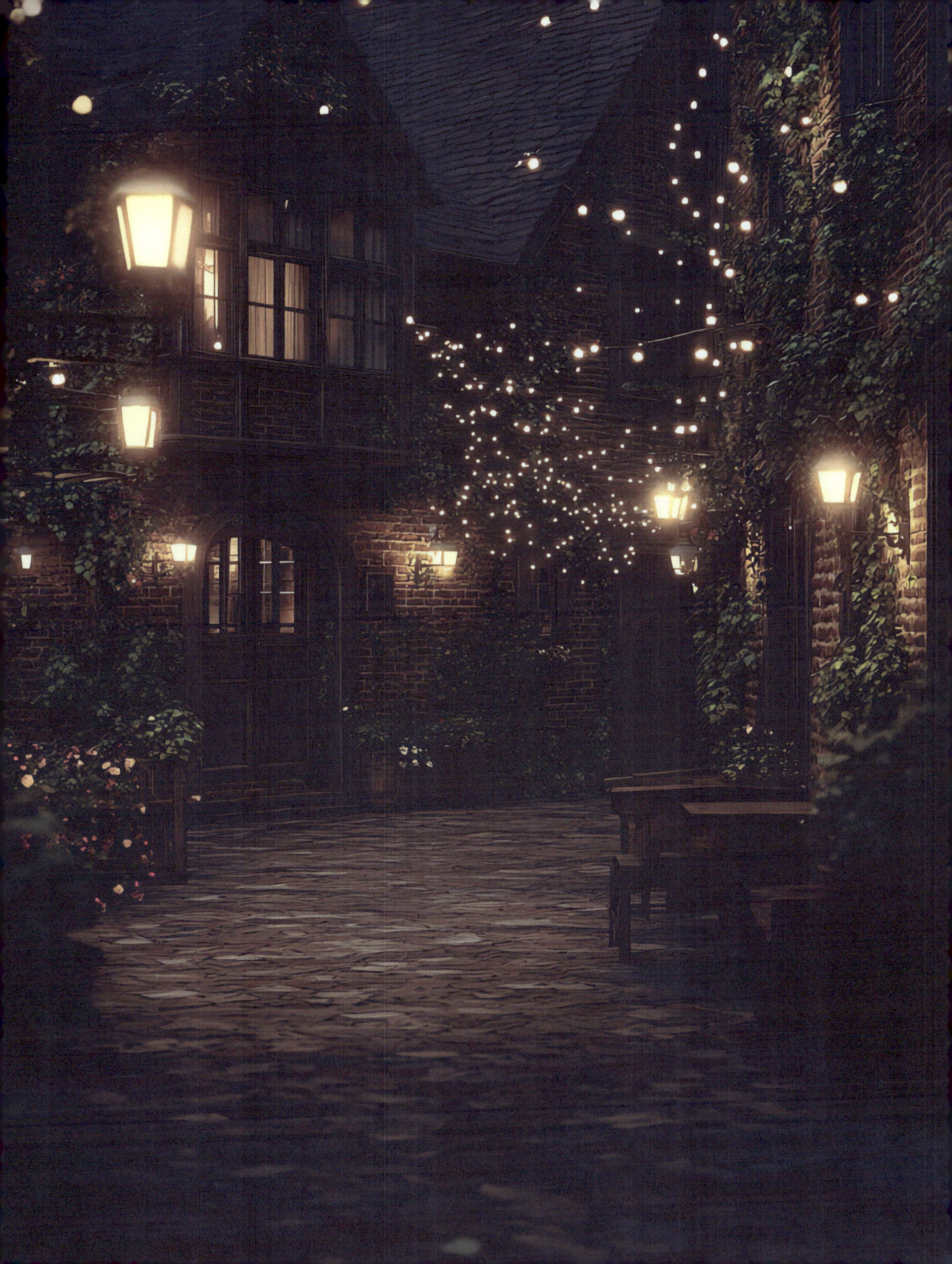

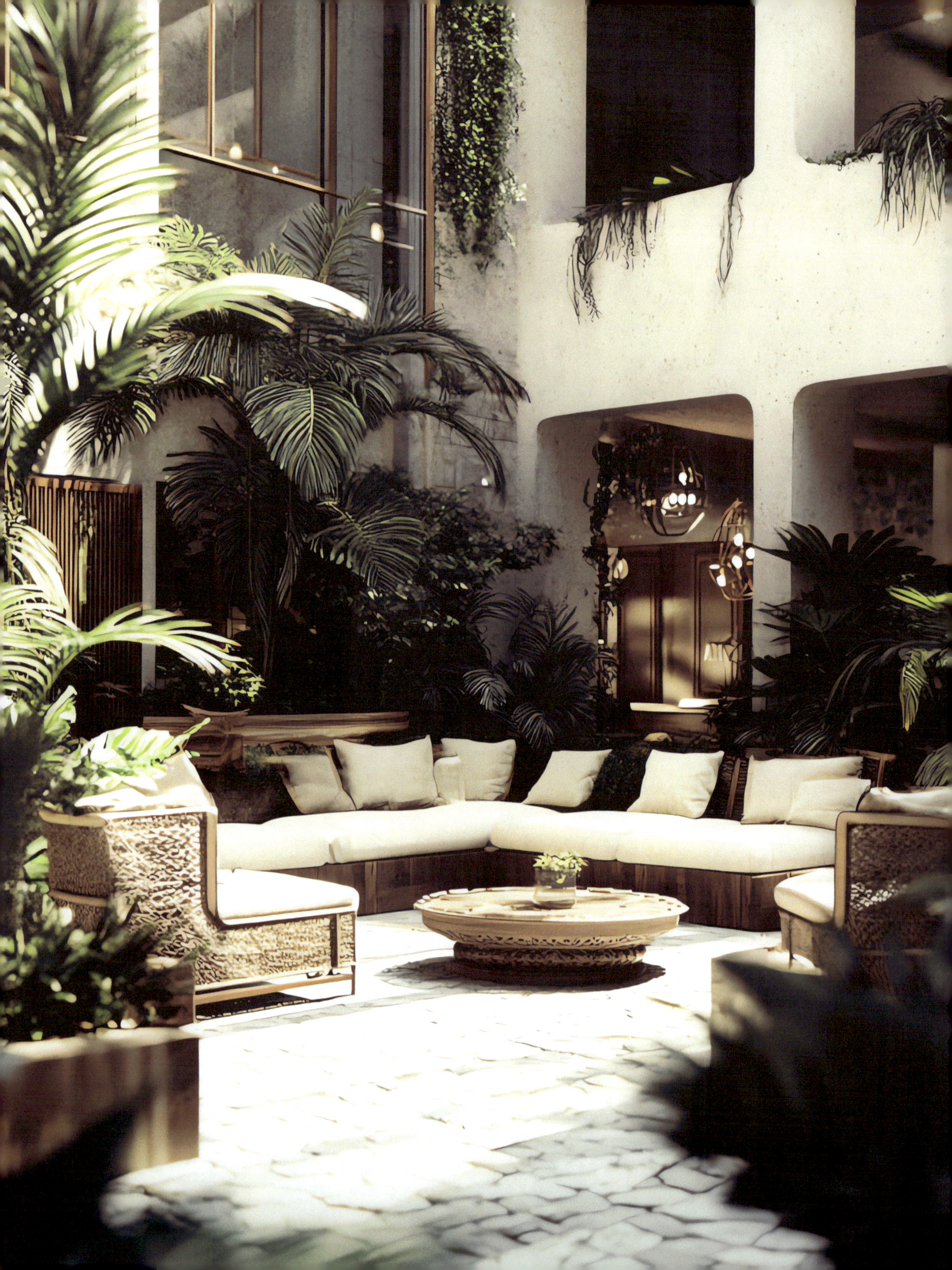

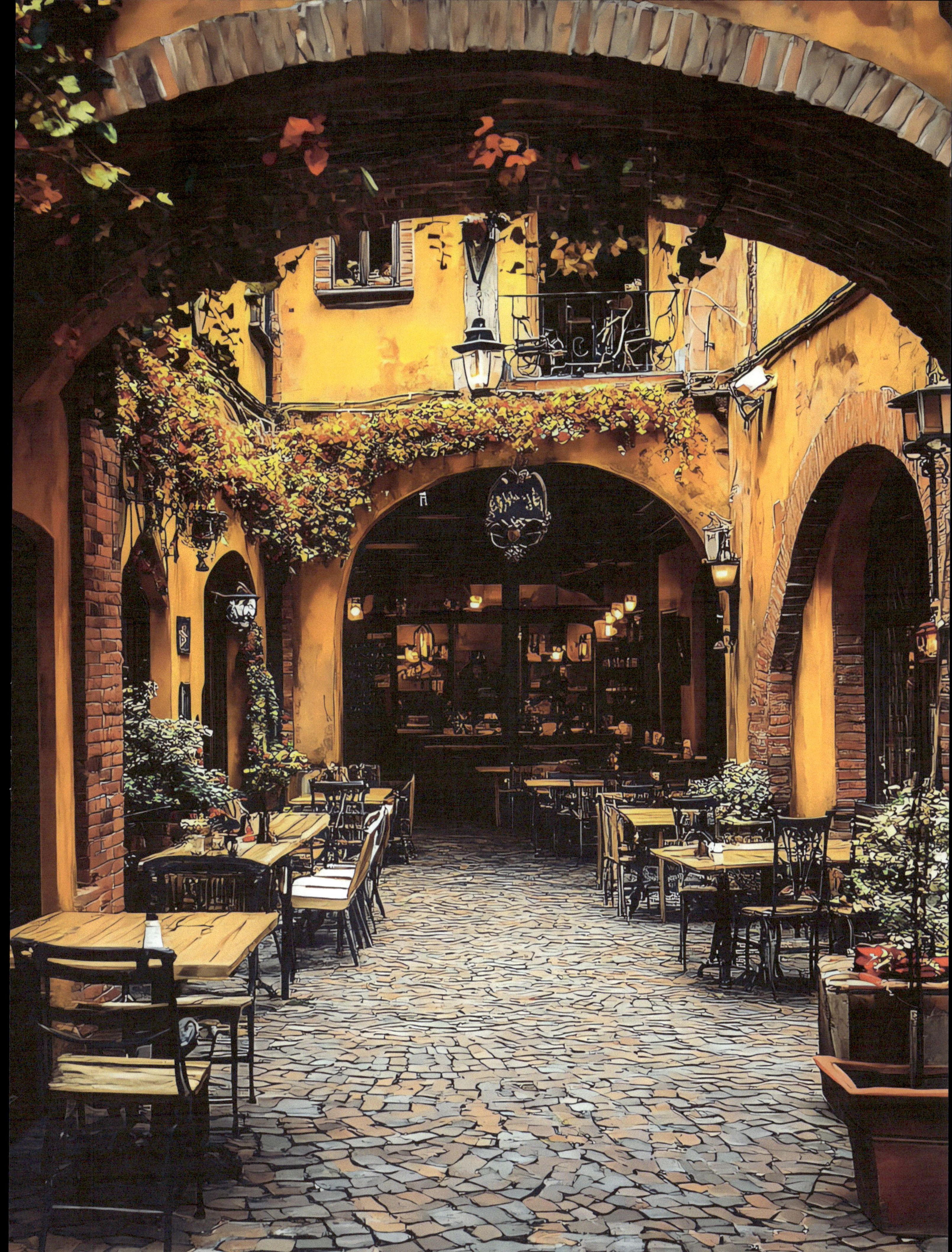

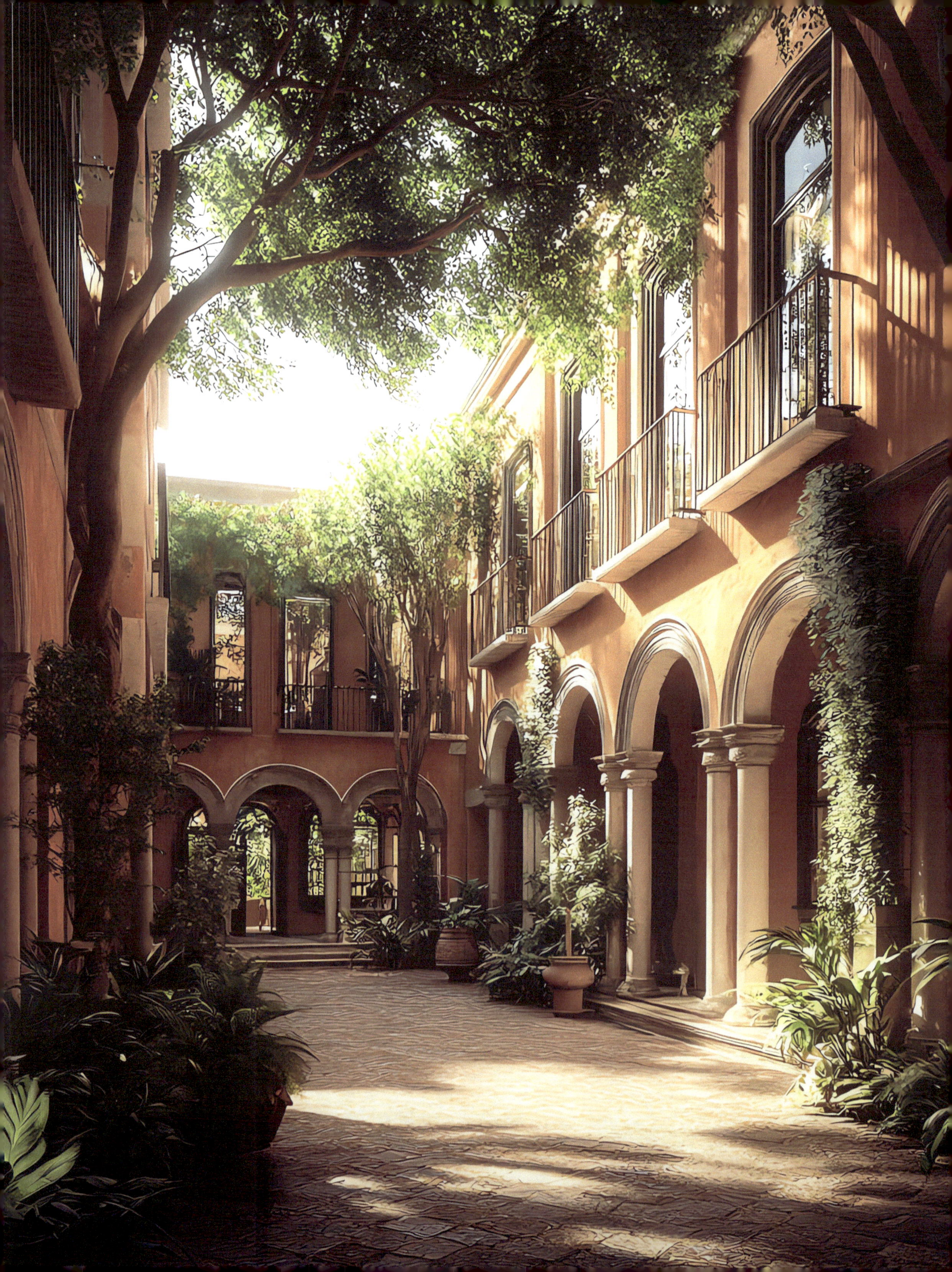

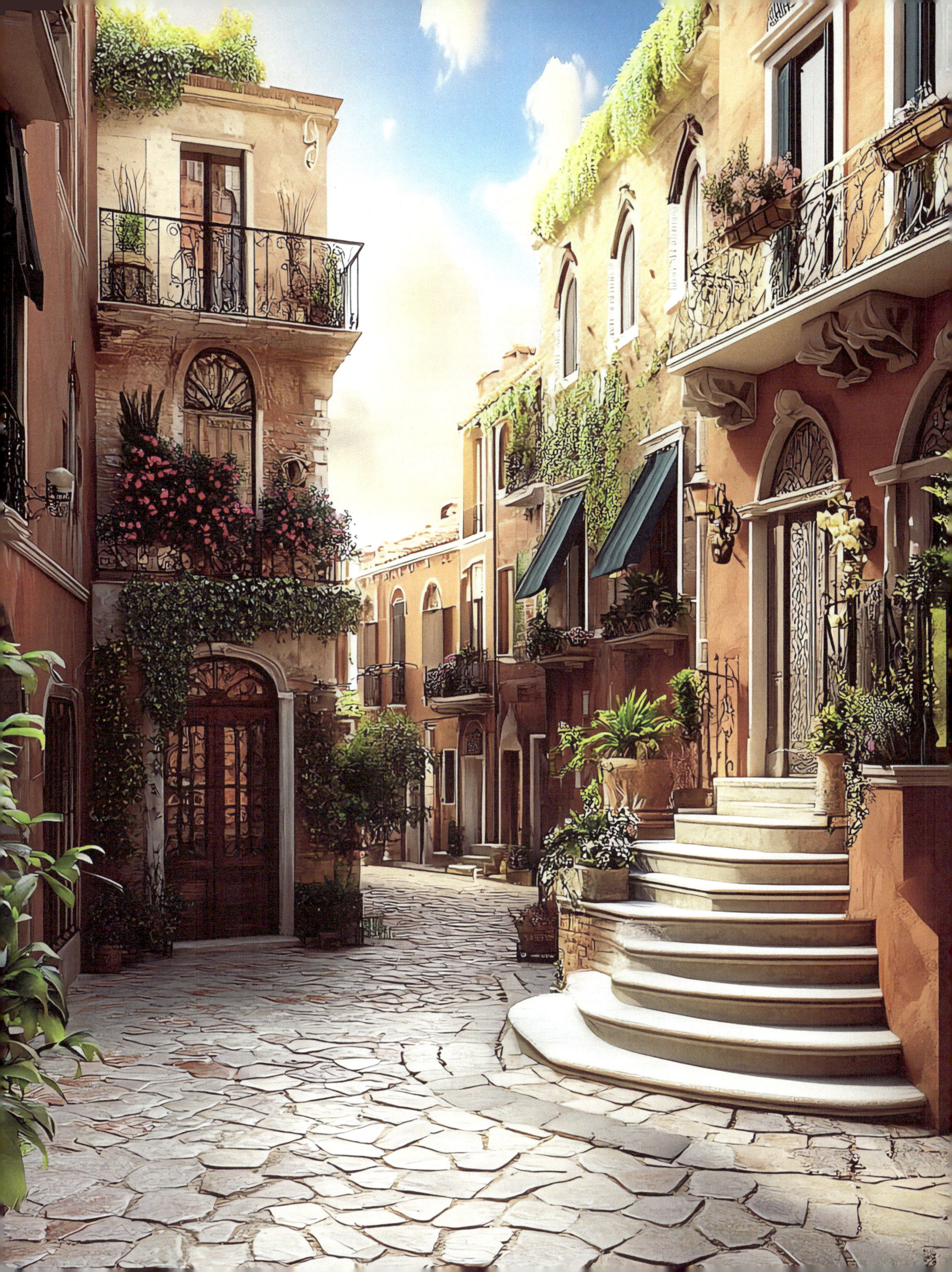

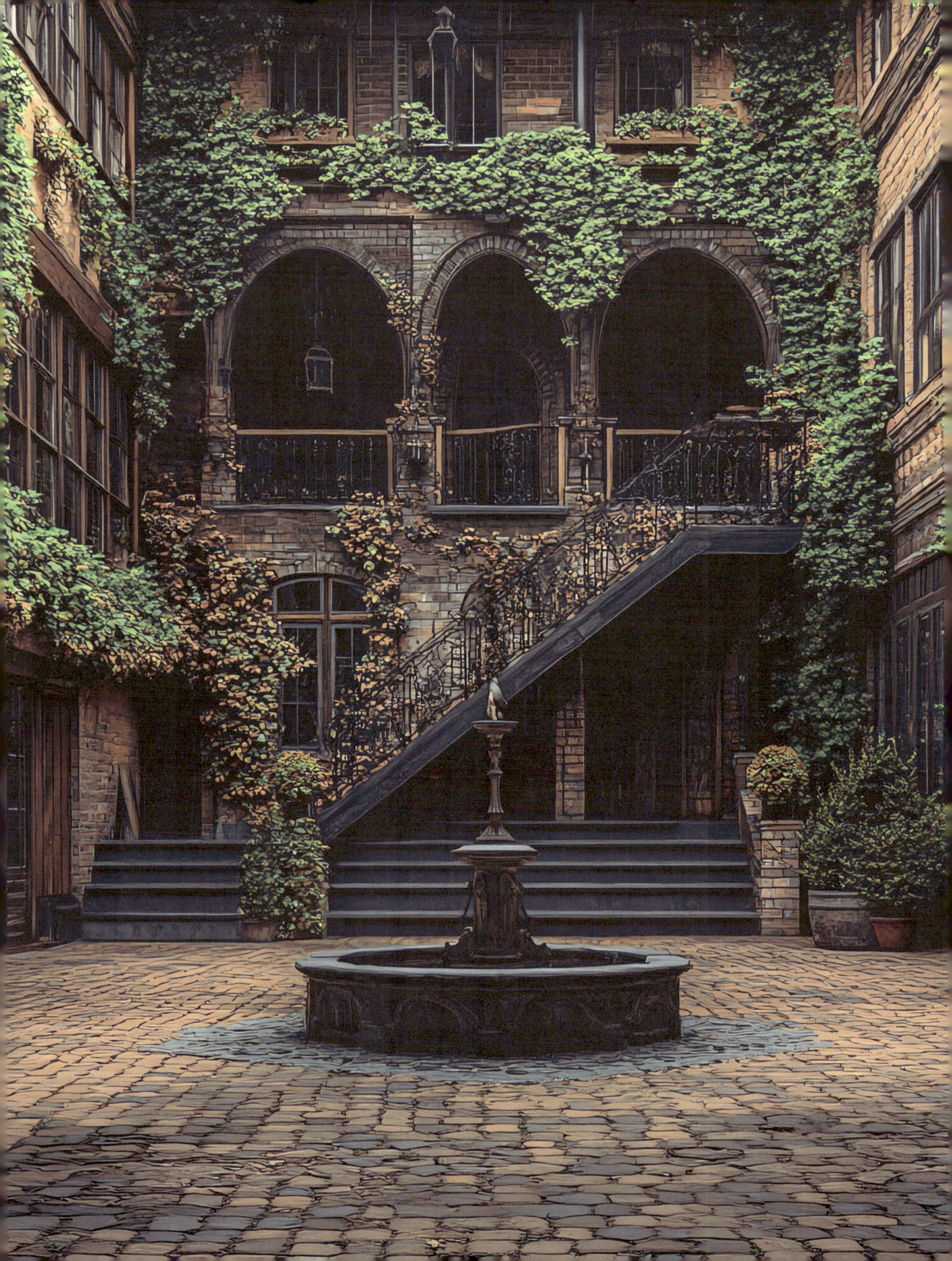

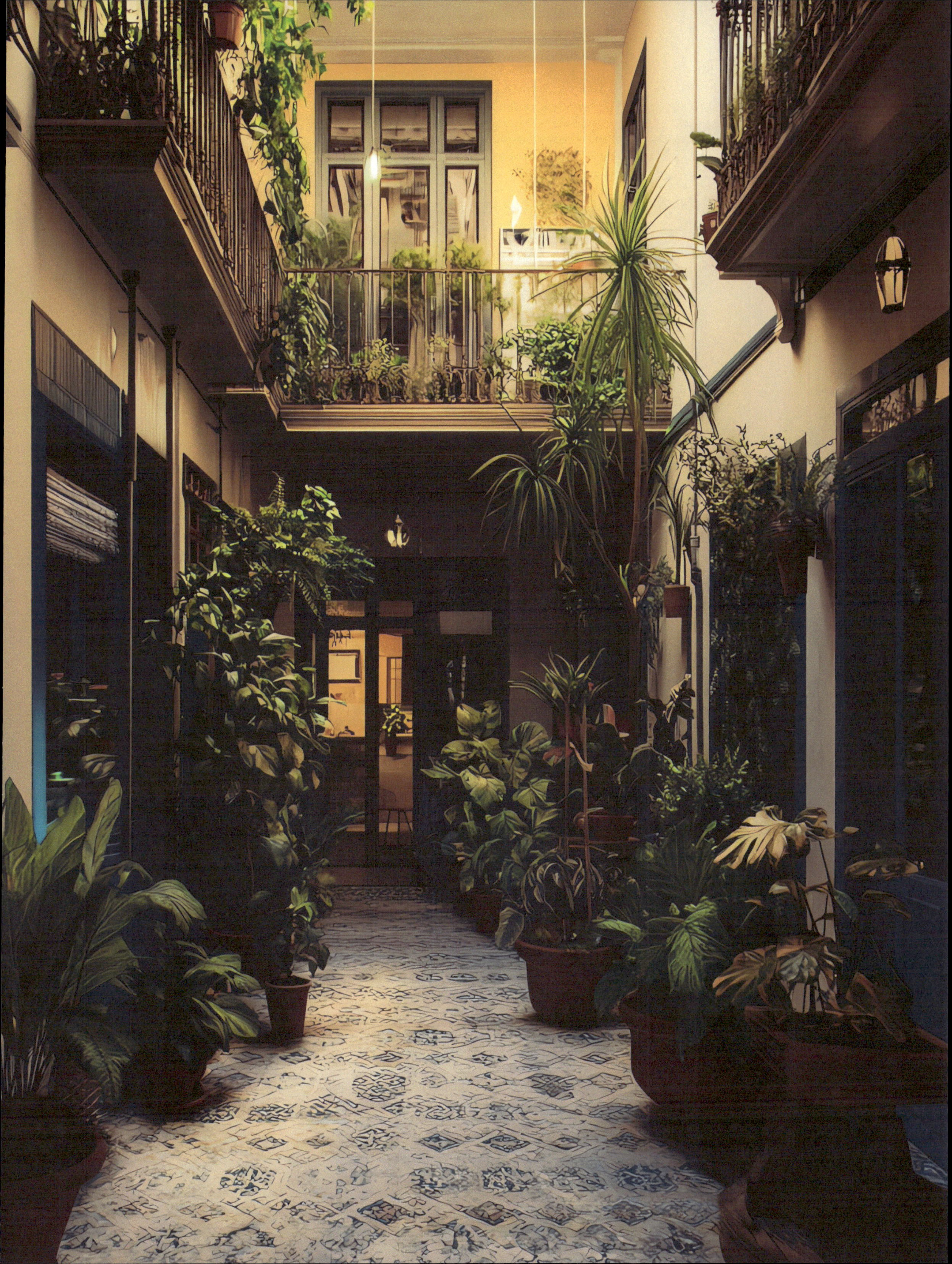

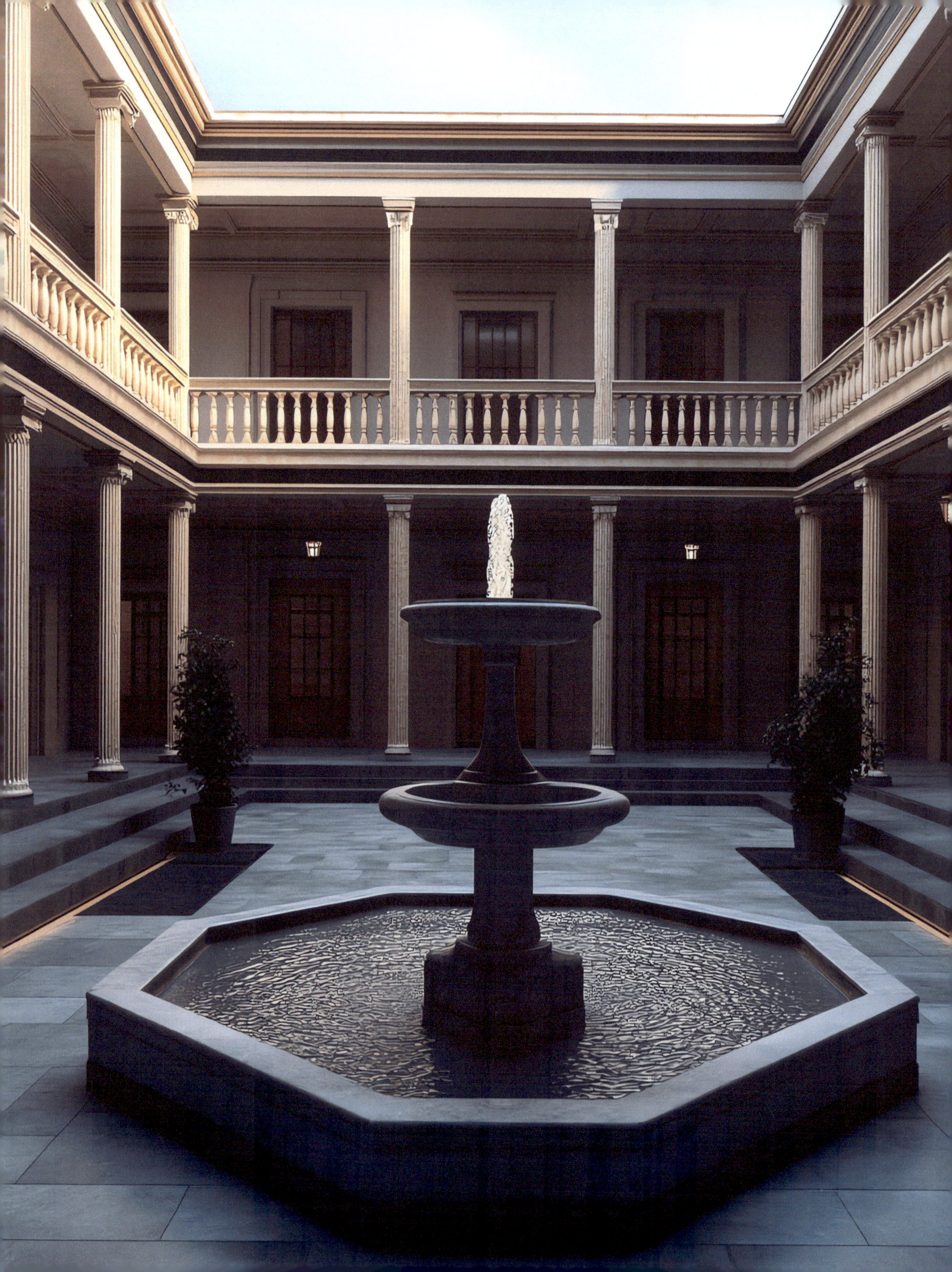

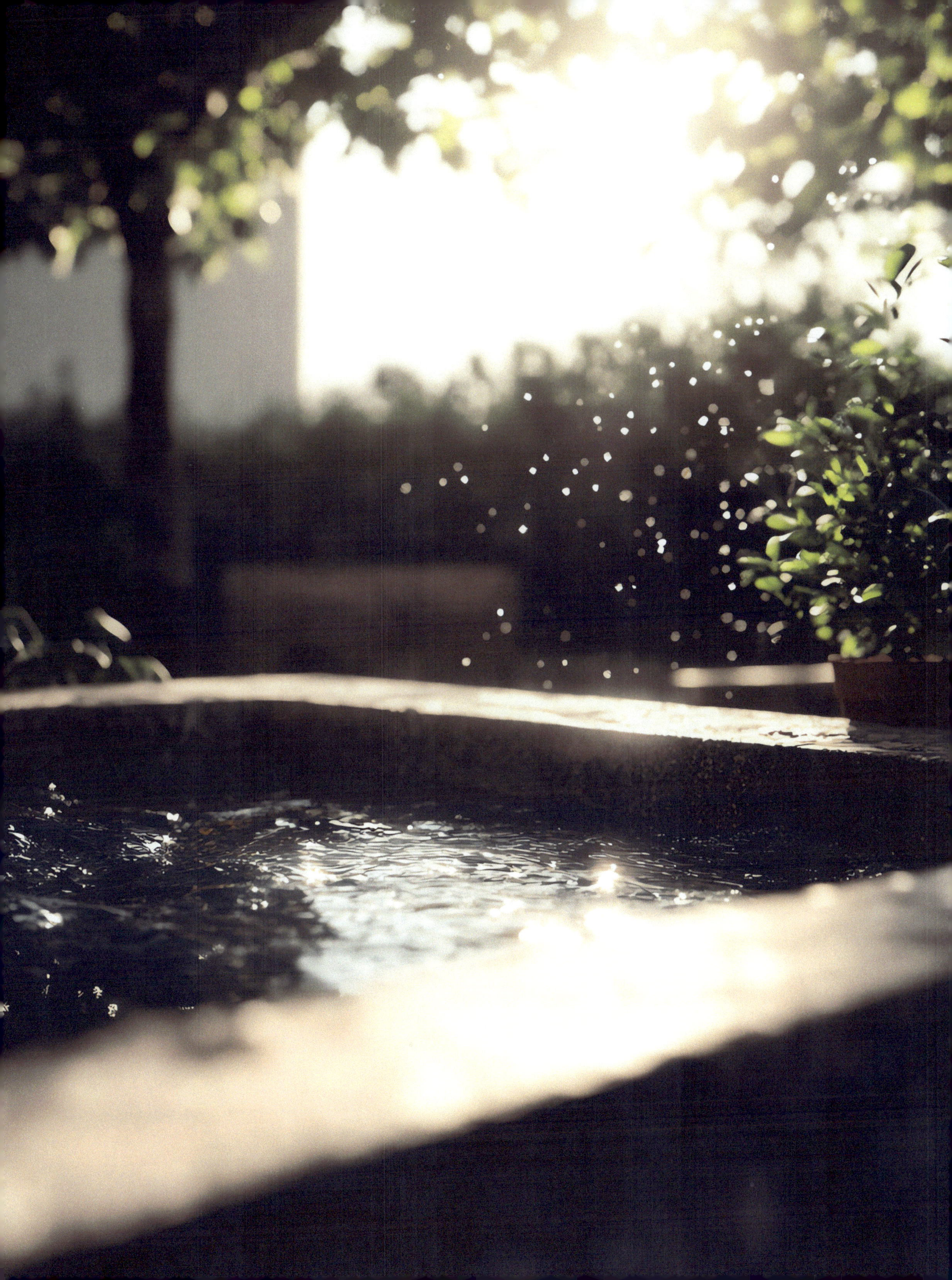

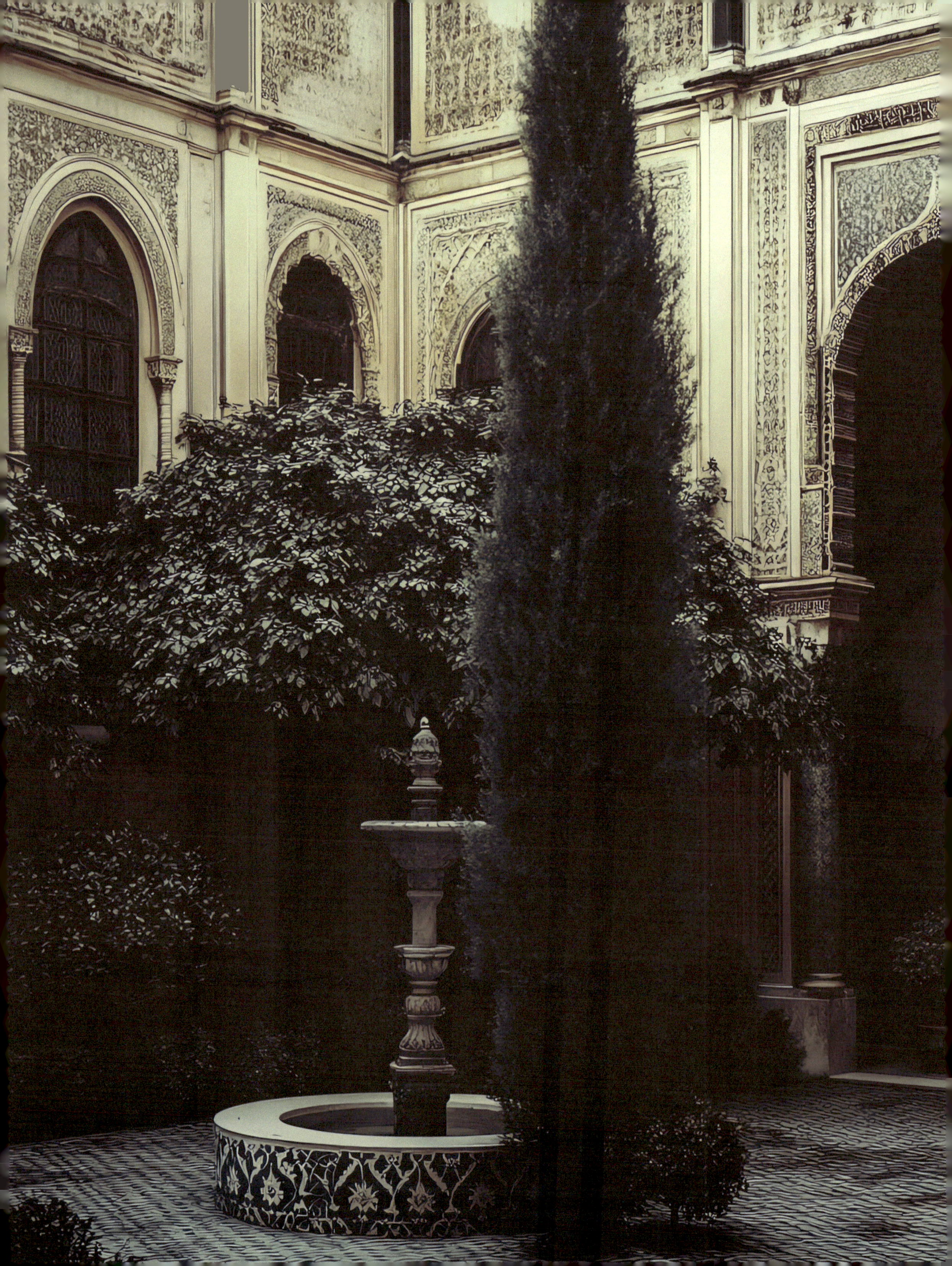

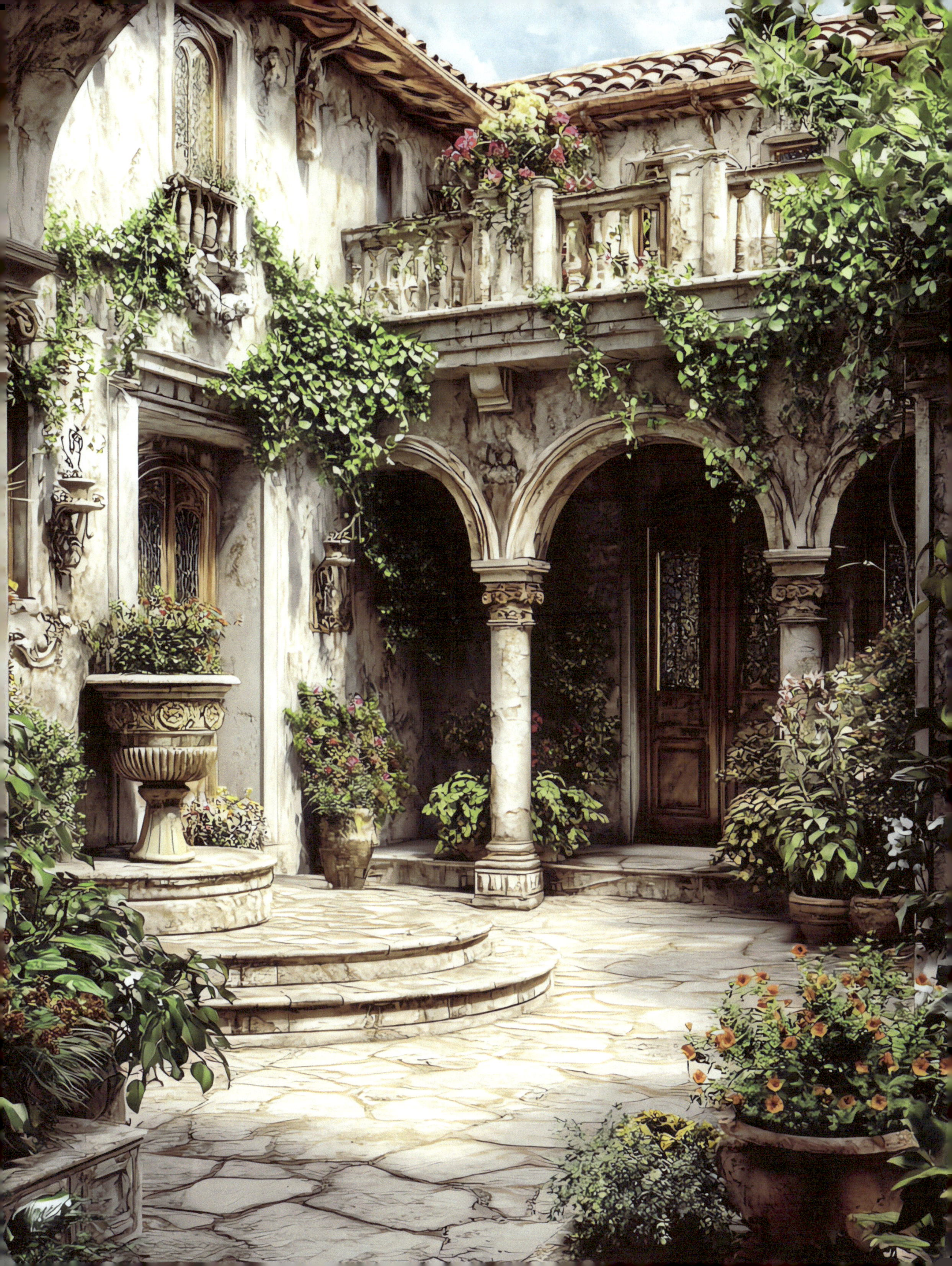

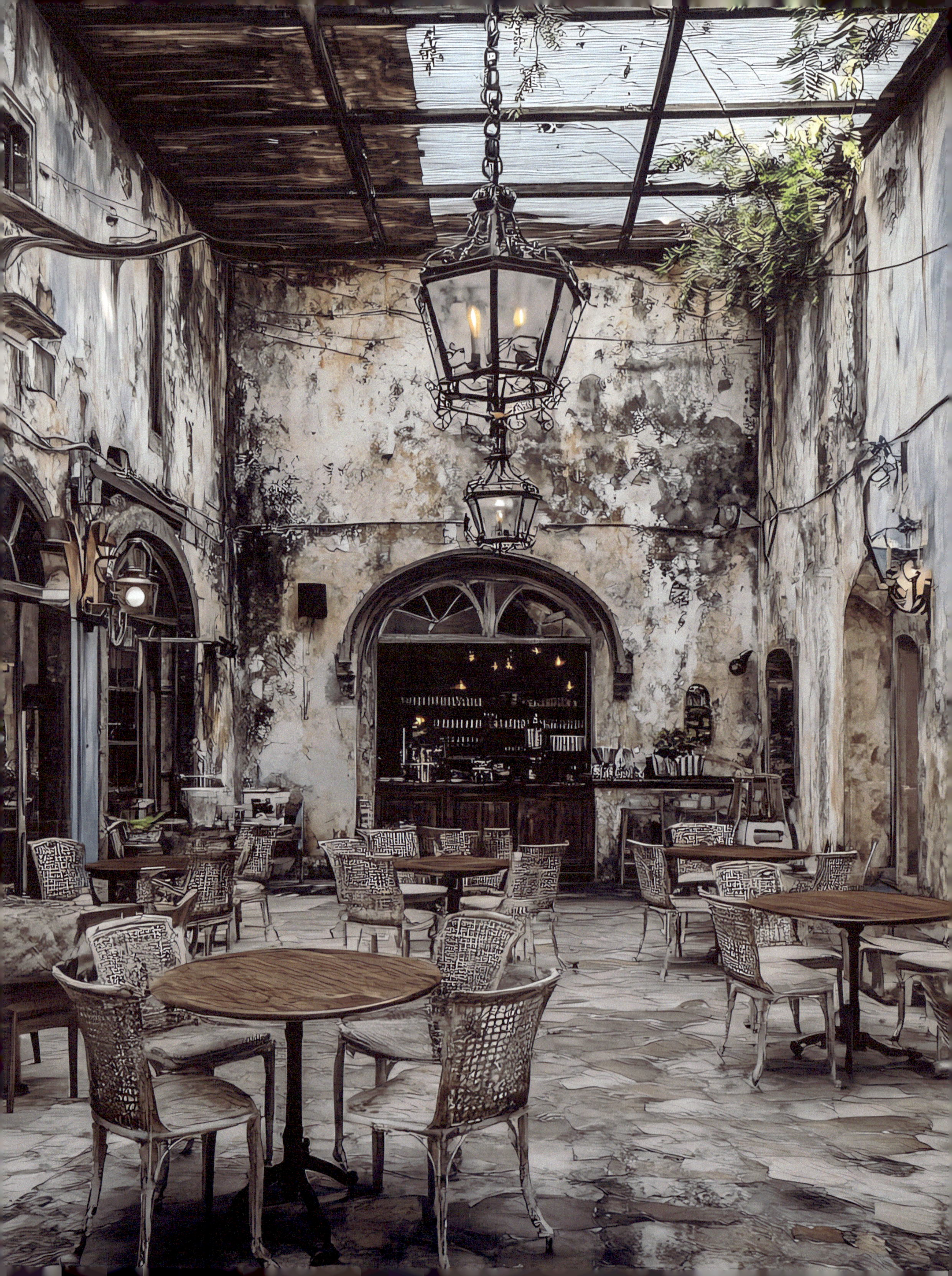

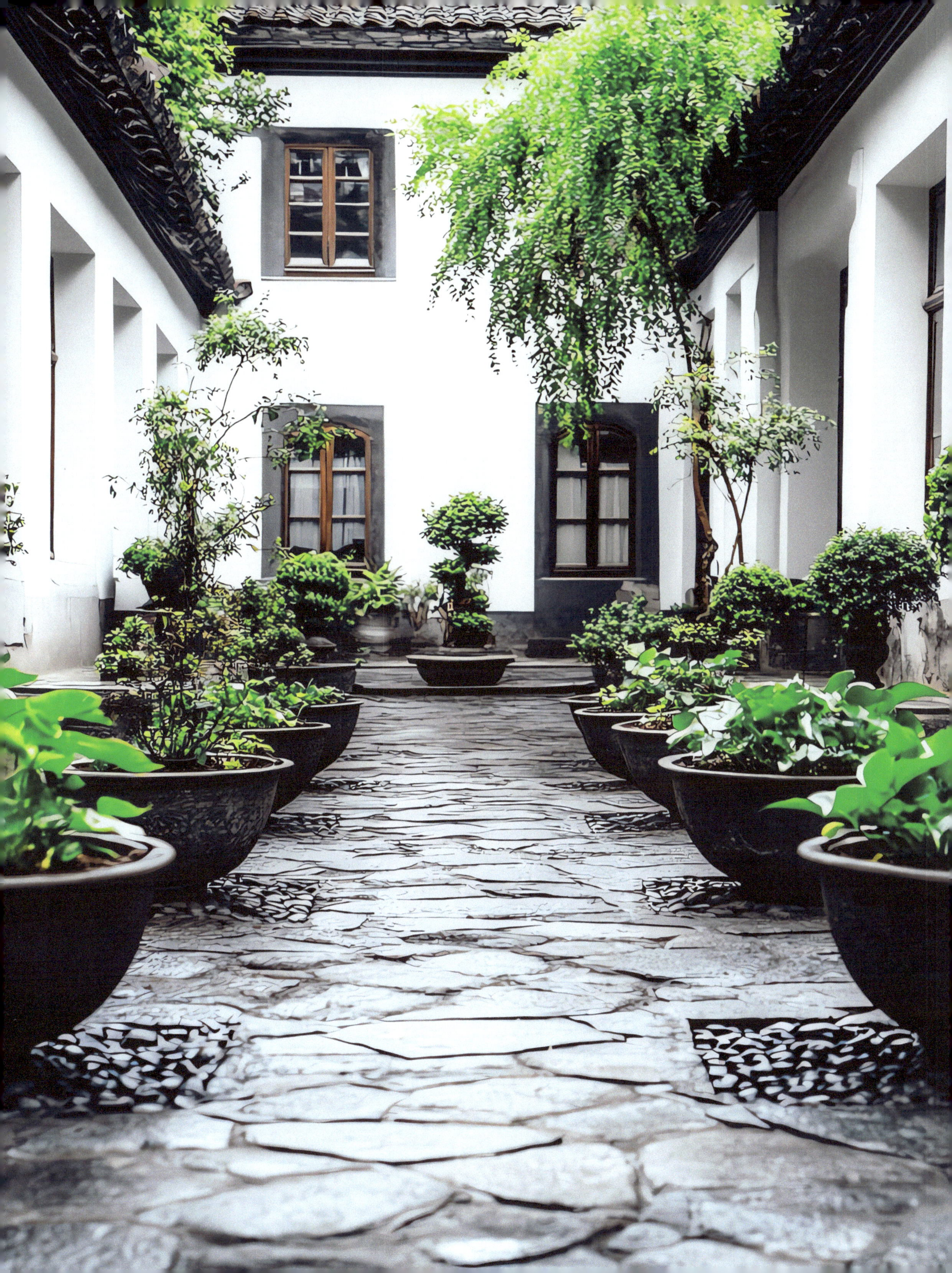

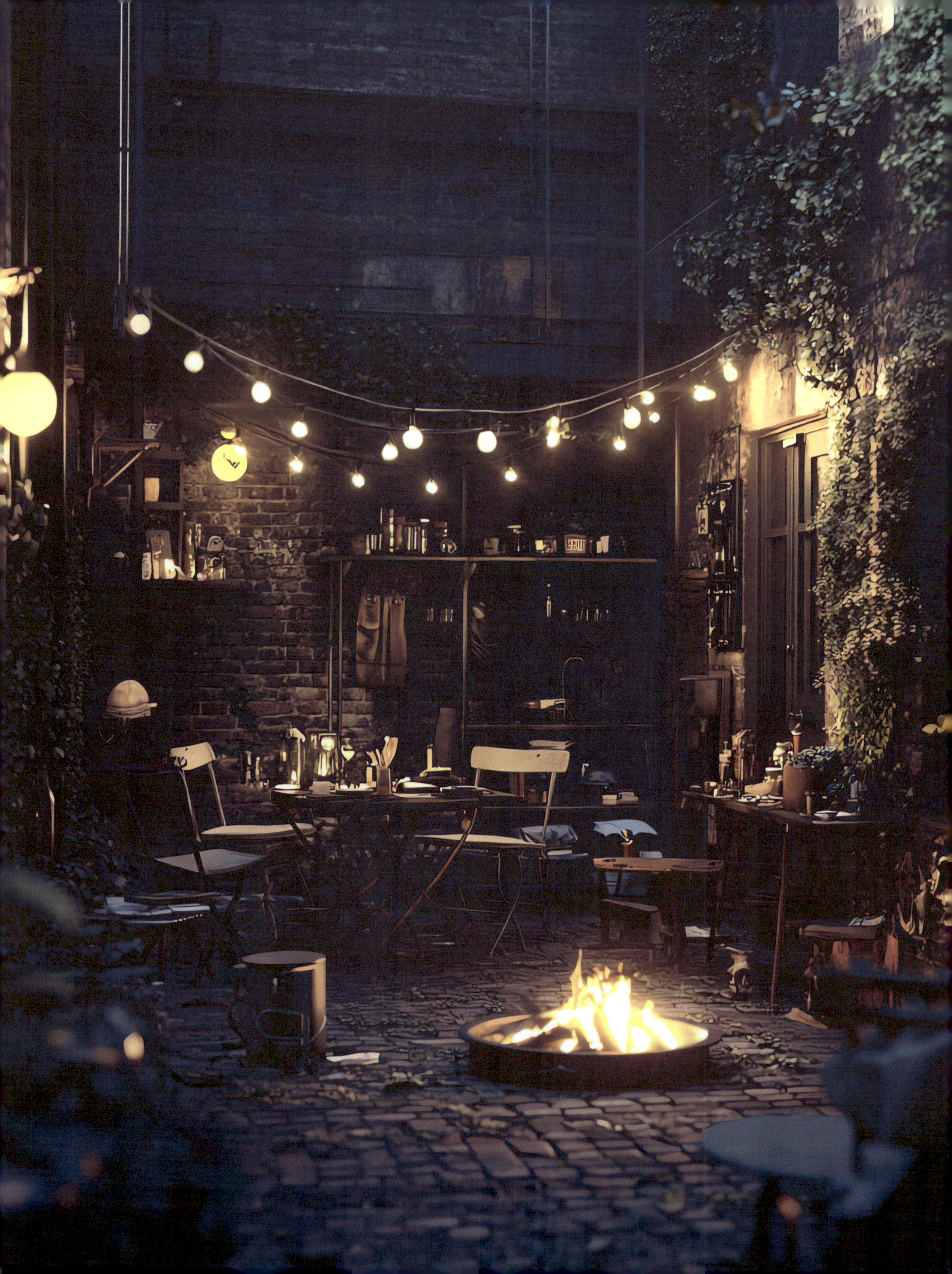